FLOW – GUIA PRÁTICO

Mihaly Csikszentmihalyi

Flow – Guia prático
Como encontrar o foco ideal no trabalho e na vida

TRADUÇÃO
Roberta Clapp e Bruno Fiuza

1ª reimpressão

Copyright © 1997 by Mihaly Csikszentmihalyi

Grafia atualizada segundo o Acordo Ortográfico da Língua Portuguesa de 1990, que entrou em vigor no Brasil em 2009.

Título original
Finding Flow: The Psychology of Engagement with Everyday Life

Capa
Alceu Chiesorin Nunes

Preparação
Diogo Henriques

Índice remissivo
Probo Poletti

Revisão
Angela das Neves
Paula Queiroz

Dados Internacionais de Catalogação na Publicação (CIP)
(Câmara Brasileira do Livro, SP, Brasil)

Csikszentmihalyi, Mihaly
   Flow – Guia prático : Como encontrar o foco ideal no trabalho e na vida / Mihaly Csikszentmihalyi ; tradução Roberta Clapp e Bruno Fiuza. — 1ª ed. — Rio de Janeiro : Objetiva, 2022.

   Título original: Finding Flow : The Psychology of Engagement with Everyday Life.
   ISBN 978-85-390-0735-6

   1. Conduta de vida 2. Felicidade I. Título.

22-114791   CDD-158

Índice para catálogo sistemático:
1. Conduta de vida : Psicologia aplicada   158
Eliete Marques da Silva — Bibliotecária — CRB-8/9380

Todos os direitos desta edição reservados à
EDITORA SCHWARCZ S.A.
Praça Floriano, 19, sala 3001 — Cinelândia
20031-050 — Rio de Janeiro — RJ
Telefone: (21) 3993-7510
www.companhiadasletras.com.br
www.blogdacompanhia.com.br
facebook.com/editoraobjetiva
instagram.com/editora_objetiva
twitter.com/edobjetiva

Para Isa, mais uma vez

Sumário

1. As estruturas da vida cotidiana 9
2. O conteúdo da experiência 23
3. Como nos sentimos quando fazemos coisas diferentes 39
4. O paradoxo do trabalho 51
5. Os riscos e as oportunidades do lazer 64
6. Relacionamentos e qualidade de vida 77
7. Mudando os padrões da vida 92
8. A personalidade autotélica 109
9. O amor ao destino 122

Agradecimentos 137
Notas 139
Referências bibliográficas 147
Índice remissivo 153

1. As estruturas da vida cotidiana

Se realmente queremos viver, é melhor começarmos logo a tentar; se não for o caso, tudo bem, mas então é melhor começarmos logo a morrer.
W. H. Auden[1]

As palavras de Auden reproduzidas acima resumem precisamente a questão de que trata este livro. A escolha é simples: entre o agora e o inevitável fim de nossos dias, podemos escolher entre viver ou morrer. A vida biológica é um processo automático, desde que cuidemos das necessidades do corpo. Mas viver no sentido a que o poeta se refere não é, de forma alguma, algo que acontece por si só. Na verdade, tudo conspira contra nós: se não nos encarregarmos da condução de nossa própria vida, ela será controlada por fatores externos, para servir ao propósito de alguma outra entidade. Instintos biologicamente programados vão usá-la para replicar o material genético que carregamos; a cultura vai garantir que a usemos para propagar seus valores e instituições; e outras pessoas tentarão extrair o máximo possível da nossa energia para promover suas agendas particulares — tudo isso sem levar em conta o impacto que terá sobre nós. Não podemos esperar que ninguém nos ajude a viver; precisamos descobrir como fazer isso por nós mesmos.

Então, nesse contexto, o que significa "viver"? Obviamente, não se trata apenas da sobrevivência biológica, mas de viver em plenitude, sem desperdício de tempo e potencial, expressando nossa singularidade e ao mesmo tempo participando intimamente da complexidade do cosmos. Este livro explora diferentes modos de viver, recorrendo tanto quanto possível às descobertas da psicologia contemporânea, a minhas próprias pesquisas e à sabedoria do passado, qualquer que seja a forma em que tenha sido registrada.

Vou recolocar a questão sobre "O que é uma vida boa?" de uma maneira muito modesta. Em vez de lidar com profecias e mistérios, tentarei me manter o mais próximo possível de evidências racionais, com foco no mundano, nos eventos cotidianos que costumamos vivenciar ao longo de um dia normal.

Um exemplo concreto talvez ilustre melhor o que quero dizer com viver uma vida boa. Anos atrás, meus alunos e eu estudamos uma fábrica onde eram montados vagões de trem. O principal posto de trabalho era um hangar grande e sujo, onde mal se ouvia uma palavra, por causa do barulho constante. A maior parte dos soldadores ali odiava o emprego e ficava o tempo todo de olho no relógio, na expectativa de dar a hora de ir embora. Assim que deixavam a fábrica, corriam para os bares da região ou faziam um passeio do outro lado da fronteira do estado, em busca de algo mais animado.

Com exceção de um deles. Essa exceção era Joe, um homem semianalfabeto de sessenta e poucos anos, que havia aprendido por conta própria a consertar todos os equipamentos da fábrica, de guindastes a monitores de computador. Ele adorava pegar máquinas que não funcionavam, descobrir o que havia de errado com elas e recolocá-las em operação. Ele e a esposa construíram um grande jardim ornamental em dois terrenos vazios ao lado de casa, e nele instalaram chafarizes que produziam arco-íris mesmo à noite. Os cerca de cem soldadores que trabalhavam na fábrica respeitavam Joe, embora não conseguissem entendê-lo muito bem. Pediam a ajuda dele sempre que havia algum problema. Muitos diziam que, sem Joe, talvez a fábrica fechasse.

Ao longo dos anos, conheci muitos CEOs de grandes empresas, políticos poderosos, além de dezenas de vencedores do prêmio Nobel, pessoas importantes que, em muitos aspectos, levavam uma vida ótima, mas nenhuma que fosse melhor que a de Joe. O que torna uma vida como a dele serena, útil e digna de ser vivida? Esta é a questão crucial de que este livro vai tratar. Três suposições principais fundamentam a minha abordagem. A primeira é que profetas, poetas e filósofos reuniram verdades importantes no passado, essenciais à nossa sobrevivência ao longo do tempo. No entanto, elas foram expressas no vocabulário conceitual de sua época, de modo que, para serem úteis, seu significado deve ser redescoberto e reinterpretado a cada geração. Os livros sagrados do judaísmo, do cristianismo, do islamismo, do budismo e os vedas são os melhores repositórios das ideias mais importantes para os nossos ancestrais, e ignorá-los é um ato pueril de arrogância. Mas é igualmente ingênuo acreditar que tudo o que foi escrito no passado contém alguma verdade absoluta e eterna.

A segunda base sobre a qual este livro se assenta é que, atualmente, a ciência fornece as informações mais vitais para a humanidade. A verdade científica também é expressa em termos da visão de mundo da época e, portanto, está sujeita a mudar ou ser descartada no futuro. É provável que exista na ciência moderna o mesmo grau de superstição e mal-entendido que havia nos mitos antigos, mas estamos próximos demais no tempo para sermos capazes de fazer essa distinção. Talvez um dia a percepção extrassensorial e a energia espiritual possam nos levar à verdade imediata, sem a necessidade de teorias ou de laboratórios. Mas atalhos são perigosos; não podemos nos iludir acreditando que o nosso conhecimento é mais avançado do que de fato é. Para o bem ou para o mal, neste momento a ciência continua a ser o espelho mais confiável da realidade, e quem ignora esse fato o faz por sua própria conta e risco.

A terceira suposição é que, se quisermos compreender o que significa "viver" de verdade, precisamos ouvir as vozes do passado e integrar suas mensagens ao conhecimento que a ciência vem lentamente acumulando. Posicionamentos ideológicos — como o projeto de retorno à natureza de Rousseau, precursor da fé freudiana — são apenas atitudes vazias quando não se tem ideia do que é a natureza humana. Não existe esperança no passado. Não existe solução a ser encontrada no presente. Tampouco seremos melhores saltando para um futuro imaginário. O único caminho para encontrar o sentido da vida é uma tentativa lenta, paciente, de dar sentido às realidades do passado e às possibilidades do futuro a partir da forma como elas podem ser compreendidas no presente.

Assim, neste livro, "vida" significará o que experimentamos da manhã à noite, sete dias por semana, cerca de setenta anos se tivermos sorte, por mais tempo ainda se tivermos mais sorte. Essa pode parecer uma perspectiva estreita se comparada às visões muito mais exaltadas da vida às quais fomos apresentados pelos mitos e as religiões. Mas, virando de cabeça para baixo a Aposta de Pascal, parece-me que, na dúvida, a melhor estratégia é presumir que esses setenta anos ou mais são a nossa única oportunidade de experimentar o cosmos, e que devemos aproveitá-los ao máximo. Porque, se não fizermos isso, podemos perder tudo; ao passo que, se estivermos errados e houver vida além da morte, não teremos perdido nada.

As conquistas desta vida serão, em parte, determinadas pelos processos químicos do nosso corpo, pela interação biológica entre os órgãos, pelas minúsculas correntes elétricas que saltam de uma sinapse do cérebro para outra e pela organização da informação que a cultura impõe à nossa mentalidade. Mas a verdadeira qualidade de vida — o que fazemos e como nos sentimos em relação a isso — será determinada pelos nossos pensamentos e emoções; pelas interpretações que damos aos processos químicos, biológicos e sociais. Estudar o fluxo de consciência que perpassa a mente é o domínio da filosofia fenomenológica. Meu trabalho nos últimos trinta anos consistiu em desenvolver uma fenomenologia sistemática que faz uso das ferramentas das ciências sociais — principalmente a psicologia e a sociologia — para responder à pergunta: O que é a vida?[2] E à pergunta mais prática: Como cada um pode criar para si mesmo uma vida plena?

O primeiro passo para responder a essas perguntas envolve ter uma boa compreensão das forças que moldam aquilo que somos capazes de experimentar. Gostemos ou não, cada um de nós está sujeito a limites em relação ao que se pode fazer e sentir. Ignorá-los leva à negação e, em última instância, ao fracasso. Para alcançar uma vida plena, precisamos antes de tudo compreender a realidade do dia a dia, com todas as suas demandas e potenciais frustrações. Em muitos dos mitos antigos, uma pessoa que queria encontrar a felicidade, o amor ou a vida eterna tinha que primeiro viajar pelo mundo inferior. Antes de poder contemplar os esplendores do paraíso, Dante teve que vagar pelos horrores do inferno para entender o que nos impede de cruzar os portões divinos. O mesmo vale para a busca mais secular à qual estamos prestes a dar início.

Os babuínos que vivem nas planícies africanas passam cerca de um terço da vida dormindo, e, quando estão acordados, dividem seu tempo entre se deslocar, encontrar alimento (e se alimentar), e o tempo livre para o lazer — que consiste basicamente em interagir ou vasculhar os pelos um do outro para catar piolhos.[3] Não é uma vida muito excitante, mas não mudou muito nos milhões de anos desde que os humanos evoluíram a partir de ancestrais símios comuns. As exigências da vida ainda ditam que gastemos nosso tempo de uma forma que não é tão diferente assim dos babuínos africanos. Com algumas horas a mais ou a menos, a maioria das pessoas dorme um terço do dia e usa o restante do tempo para trabalhar, se deslocar e descansar, mais ou menos na mesma proporção que os babuínos. E, como mostrou o historiador Emmanuel Le Roy Ladurie, nas aldeias francesas do século XIII — que, na época, estavam entre as mais avançadas do mundo —, o lazer mais comum ainda era catar piolhos do cabelo uns dos outros. Hoje, é claro, existe a televisão.

Os ciclos de descanso, produção, consumo e interação respondem pela forma como experimentamos a vida tanto quanto os nossos sentidos — visão, audição etc. Como o sistema nervoso é constituído de tal modo que só pode processar uma pequena quantidade de informação por vez, a maior parte do que somos capazes de experimentar só pode ser vivida de maneira serial, um evento após o outro. Só podemos dar uma mordida de cada vez, ouvir uma música, ler um jornal, ter uma conversa de cada vez. Portanto, as limitações da atenção, que determinam a quantidade de energia psíquica que temos para experimentar o mundo, estabelecem um roteiro inflexível que devemos seguir. Ao longo do tempo e em diferentes culturas, aquilo que as pessoas fazem, e o tempo que levam para fazê-lo, é surpreendentemente semelhante.

Tendo dito que em alguns aspectos importantes todas as vidas se assemelham, devemos nos apressar em apontar as diferenças óbvias. Um corretor de ações de Manhattan, um camponês da China e um bosquímano do Kalahari interpretarão o roteiro humano básico de formas que, a princípio, não parecerão ter nada em comum. Ao escrever sobre a Europa dos séculos XVI e XVIII, as historiadoras Natalie Zemon Davis e Arlette Farge comentam: "A vida cotidiana se desenrolava dentro de um quadro persistente de hierarquias sociais e de gênero".[4] Isso vale para todos os grupos sociais que conhecemos. A maneira como uma pessoa vive depende, em grande parte, do gênero, da idade e da posição social.

O acaso do nascimento coloca o indivíduo em uma posição que determina, em grande parte, o tipo de experiência que irá constituir sua vida. Um menino de seis ou sete anos nascido em uma família pobre em uma região industrial da Inglaterra duzentos anos atrás provavelmente acordaria por volta das cinco da manhã e correria para a fábrica a fim de operar barulhentos teares mecânicos até o pôr do sol, seis dias por semana. Muitas vezes, morreria de exaustão antes de chegar à adolescência. Uma menina de doze anos nas regiões de produção de seda da França, na mesma época, ficaria sentada ao lado de uma banheira o dia todo, mergulhando casulos de bicho-da-seda em água fervente para derreter a substância pegajosa que mantinha os fios grudados. Ela provavelmente sucumbiria a doenças respiratórias pelo fato de ficar com a roupa molhada da manhã até a noite, e as pontas de seus dedos acabariam perdendo toda a sensibilidade por causa da água quente. Enquanto isso, os filhos da nobreza aprendiam a dançar o minueto e a falar línguas estrangeiras.

As mesmas diferenças de oportunidades de vida permanecem até hoje. O que uma criança nascida em uma área pobre de Los Angeles, Detroit, do Cairo ou da Cidade do México pode esperar experimentar durante a vida? Como isso difere das expectativas de uma criança rica do subúrbio norte-americano ou de uma família sueca ou suíça abastada? Infelizmente, não há nada de justo nem de racional no fato de uma pessoa nascer em uma comunidade à beira da fome, talvez até com algum problema físico congênito, enquanto outra começa a vida com boa aparência, boa saúde e uma polpuda conta bancária.

Assim, enquanto os principais parâmetros da vida são fixos, e ninguém pode se evadir de dormir, comer, interagir e exercer pelo menos alguma atividade, a humanidade é dividida em categorias sociais que determinam, em grande medida, o conteúdo específico da experiência. E, para deixar tudo ainda mais interessante, existe, claro, a questão da individualidade.

Quando olhamos pela janela no inverno, podemos ver milhões de flocos de neve idênticos caindo. Entretanto, se pegássemos uma lupa e olhássemos cada floco individualmente, logo descobriríamos que eles não são idênticos — que cada um tem uma forma que nenhum outro floco replica com exatidão. O mesmo acontece com os seres humanos. Podemos dizer muito sobre o que Susan vai vivenciar a partir do mero fato de que ela é humana. Podemos dizer ainda mais se soubermos que ela é uma jovem norte-americana, moradora de determinada comunidade, cujos pais têm tal e tal ocupação. No fim das contas, porém, estar ciente de todos os parâmetros externos não nos permitirá prever como será a vida de Susan. Não só porque o acaso pode anular todos os palpites, mas, principalmente, porque Susan tem uma cabeça própria com a qual pode decidir desperdiçar oportunidades ou, inversamente, superar desvantagens de seu nascimento.

É graças a essa flexibilidade da consciência humana que um livro como este pode ser escrito. Se tudo fosse determinado pela condição humana comum, pelas categorias sociais e culturais e pelo acaso, seria inútil refletir sobre formas de tornar sublime a vida de alguém. Felizmente, há bastante margem para que a iniciativa e as escolhas pessoais façam uma diferença real. E aqueles que acreditam nisso são os que têm a melhor chance de se libertar das garras do destino.

Viver é sinônimo de experimentar — por meio do fazer, do sentir, do pensar. A experiência ocorre no tempo, de modo que este, em última instância, é o recurso mais escasso que temos. Ao longo dos anos, o conteúdo da experiência determinará a qualidade de uma vida. Assim, uma das decisões mais essenciais que qualquer um de nós pode tomar é sobre como alocar ou investir nosso tempo. É claro que a forma como o investimos não é uma decisão nossa. Como vimos antes, rigorosas limitações ditam o que devemos fazer como membros da espécie humana e de determinada cultura e sociedade. No entanto, existe espaço para escolhas pessoais, e o controle sobre o tempo, em certa medida, está em nossas mãos. Como observou o historiador E. P. Thompson, mesmo nas décadas mais opressivas da Revolução Industrial, quando os operários trabalhavam como escravos por mais de oitenta horas semanais em minas e fábricas, alguns ainda assim passavam suas poucas e preciosas horas livres em atividades literárias ou ações políticas, em vez de nos bares, como a maioria.[5]

Os termos que usamos para falar sobre o tempo — orçamento, investimento, alocação, desperdício — são emprestados do vocabulário financeiro. Consequentemente, alguns afirmam que nossa atitude em relação ao tempo é influenciada por nossa peculiar herança capitalista. É verdade que a máxima "Tempo é dinheiro" era uma das preferidas de Benjamin Franklin, um grande defensor do capitalismo, mas a relação entre esses dois fatores é sem dúvida muito mais antiga e está enraizada na experiência humana comum, e não apenas na cultura norte-americana. Inclusive, pode-se argumentar que é o dinheiro que obtém seu valor a partir do tempo, e não o contrário. O dinheiro é simplesmente a métrica mais utilizada para medir o tempo investido na produção de alguma coisa. E valorizamos o dinheiro porque, em certa medida, ele nos liberta dos constrangimentos da vida, tornando possível ter tempo livre para fazer o que quisermos com ela.

O que, então, as pessoas fazem com seu tempo? A tabela 1 oferece uma noção geral de como passamos as dezesseis horas do dia em que estamos acordados e conscientes. Os valores são inevitavelmente aproximados, porque, a depender se a pessoa é jovem ou idosa, homem ou mulher, rica ou pobre, podem surgir padrões muito diferentes. Mas, de maneira geral, os valores da tabela servem como descrição preliminar de como é um dia comum em nossa sociedade. Eles são, em muitos aspectos, bem semelhantes aos observados em orçamentos de tempo em outros países industrializados.[6]

TABELA 1[7]
PARA ONDE VAI O TEMPO?

Com base em atividades diurnas relatadas por adultos e adolescentes em estudos recentes nos Estados Unidos. Os percentuais diferem de acordo com idade, sexo, classe social e preferências pessoais — são indicados os intervalos mínimo e máximo. Cada ponto percentual equivale a cerca de uma hora por semana.

Atividades produtivas	Total: 24-60%
Trabalhar no ambiente de trabalho ou estudar	20-45%
Falar, comer, sonhar acordado no ambiente de trabalho	4-15%
Atividades de manutenção	Total: 20-42%
Trabalho doméstico (cozinhar, limpar, fazer compras)	8-22%
Comer	3-5%
Higiene (lavar-se, vestir-se)	3-6%
Dirigir, deslocar-se	6-9%
Atividades de lazer	Total: 20-43%
Mídia (televisão e leitura)	9-13%
Hobbies, esportes, filmes, restaurantes	4-13%
Conversar, socializar	4-12%
Divagar, descansar	3-5%

FONTES: Csikszentmihalyi e Graef (1980), Kubey e Csikszentmihalyi (1990) e Larson e Richards (1994).

O que fazemos durante um dia normal pode ser dividido em três tipos principais de atividades. O primeiro e maior deles inclui o que precisamos fazer para gerar energia a fim de sobreviver e ter conforto. Hoje em dia isso é quase sinônimo de "ganhar dinheiro", já que o dinheiro se tornou o meio de troca para a maioria das coisas. No entanto, para os jovens ainda na escola, a aprendizagem pode ser incluída entre essas atividades *produtivas*, pois para eles a educação equivale ao trabalho adulto, e uma coisa levará à outra.

Entre um quarto e mais da metade de nossa energia psíquica é destinada a essas atividades produtivas, dependendo do tipo de trabalho e do regime, se integral ou parcial. Embora a maioria dos trabalhadores em tempo integral trabalhe cerca de quarenta horas semanais, o que representa 35% das 112 horas que passamos acordados por semana, o número não reflete com precisão a realidade, porque durante essas quarenta horas os trabalhadores de fato trabalham apenas trinta, aproximadamente, sendo o restante gasto em conversas, sonhando acordado, fazendo listas e em outras tarefas irrelevantes para o trabalho em si.

Isso é muito ou pouco tempo? Depende do referencial de comparação. Segundo alguns antropólogos, em sociedades menos desenvolvidas tecnologicamente, como as tribos das florestas brasileiras ou dos desertos africanos, os homens adultos raramente passam mais de quatro horas por dia provendo seu sustento — o restante do tempo é passado descansando, conversando, cantando e dançando. Por outro lado, durante os primeiros cem anos de industrialização no Ocidente, antes de os sindicatos conseguirem regulamentar a carga horária de trabalho, não era raro que os operários passassem doze ou mais horas por dia na fábrica. Assim, a jornada de trabalho de oito horas, que hoje é a norma, está a meio caminho entre esses dois extremos.

As atividades produtivas criam uma nova energia; mas precisamos realizar uma boa quantidade de trabalho apenas para preservar o corpo e suas posses. Assim, cerca de um quarto do nosso dia está envolvido em vários tipos de atividades de *manutenção*. Mantemos o corpo em funcionamento ao comer, descansar, cuidar da higiene; mantemos nossas posses ao limpar, cozinhar, fazer compras e executar todo tipo de trabalho doméstico. Tradicionalmente, as mulheres são sobrecarregadas pelo trabalho de manutenção, enquanto os homens assumem os papéis produtivos. Essa diferença ainda é bastante acentuada nos Estados Unidos de hoje: enquanto homens e mulheres gastam quantidades iguais de tempo comendo (cerca de 5%), as mulheres dedicam o dobro do tempo que os homens a todas as outras atividades de manutenção.

A tipificação de gênero das tarefas domésticas, claro, é ainda mais severa em quase todos os outros lugares. Na antiga União Soviética, onde a igualdade de gênero era uma questão de ideologia, as médicas e engenheiras casadas tinham que cuidar de todo o trabalho doméstico para além de seus empregos remunerados.

Essa divisão do trabalho parece ser tão antiga quanto a própria humanidade. No passado, entretanto, a manutenção da casa muitas vezes exigia uma dedicação extenuante das mulheres. Um historiador descreve a situação na Europa quatro séculos atrás:

> As mulheres levavam água para os terraços íngremes das montanhas em áreas [...] onde esse recurso era escasso. [...] Cortavam e secavam o feno, coletavam algas, lenha e plantas à beira da estrada para alimentar os coelhos. Ordenhavam vacas e cabras, cultivavam vegetais, coletavam castanhas e ervas. A fonte mais comum de aquecimento para os agricultores britânicos e alguns irlandeses e holandeses eram as fezes de animais, recolhidas à mão por mulheres, e que recebiam sua secagem final empilhadas junto à lareira.[8]

A água encanada e os eletrodomésticos sem dúvida fizeram a diferença na quantidade de esforço físico necessário para administrar uma casa, da mesma forma que a tecnologia aliviou a carga física do trabalho produtivo. Mas a maioria das mulheres na Ásia, na África e na América do Sul — em outras palavras, a maioria das mulheres no mundo — ainda precisa dedicar uma enorme quantidade de tempo para evitar o colapso da infraestrutura material e emocional de suas famílias.

O tempo que sobra depois de tratadas as necessidades produtivas e de manutenção é o tempo livre, ou de lazer, que responde por cerca de outro quarto do nosso tempo total.[9] De acordo com muitos pensadores do passado, homens e mulheres só podem concretizar seu potencial quando não têm nada para fazer. Segundo os filósofos gregos, é durante o lazer que nos tornamos verdadeiramente humanos, dedicando tempo ao autodesenvolvimento — ao aprendizado, às artes, à atividade política. Inclusive, o termo grego para lazer, *scholea*, é a raiz da palavra "escola", pois se acreditava que a dedicação aos estudos era a melhor forma de aproveitar o tempo livre.

Infelizmente, esse ideal raras vezes se materializa. Em nossa sociedade, o tempo livre é ocupado por três principais tipos de atividade — e nenhuma se compara ao que os estudiosos gregos, ou homens de lazer, tinham em mente. A primeira é o consumo de mídia — sobretudo televisão, com uma pitada de leitura de jornais e revistas. A segunda é a conversa. A terceira é um uso mais ativo do tempo livre e, portanto, mais próximo do antigo ideal: ela inclui hobbies, composição musical, prática de esportes e exercícios, ir a restaurantes e ao cinema. Cada um desses três principais tipos de lazer ocupa de quatro a doze horas por semana.

Ver televisão — que, dentre todas as atividades de lazer, é aquela que consome em média a maior parte da energia psíquica — é provavelmente também a forma mais recente de atividade na experiência humana. Nada do que homens e mulheres fizeram até hoje durante os milhões de anos de evolução foi tão passivo e tão viciante, pela facilidade com que a TV captura e mantém nossa atenção — a menos que consideremos atividades como olhar para o espaço, fazer a sesta ou entrar em um transe, como costumavam fazer os balineses. Os defensores dessa mídia afirmam que a televisão proporciona todo tipo de informação interessante. Isso é verdade, mas, como é muito mais fácil produzir programas de entretenimento do que educar o espectador, o que a maioria assiste provavelmente não ajudará em seu desenvolvimento pessoal.

Essas três ocupações principais — produção, manutenção e lazer — absorvem nossa energia psíquica, proporcionando as informações que passam pela nossa cabeça dia após dia, desde o nascimento até o fim da vida. Assim, em essência, nossa vida na verdade consiste em experiências relacionadas ao trabalho, em evitar que as coisas que possuímos pereçam e naquilo que fazemos em nosso tempo livre. É dentro desses parâmetros que a vida se desenrola, e é a forma como escolhemos o que fazer, e como nos relacionamos com isso, que vai determinar se a soma dos nossos dias irá resultar em um borrão disforme ou em algo parecido com uma obra de arte.

A vida cotidiana é definida não só pelo que fazemos, mas também pelas pessoas com quem estamos. Nossas ações e nossos sentimentos são sempre influenciados pelos outros, estejam eles presentes ou não. Desde Aristóteles sabe-se que os humanos são animais sociais; tanto física como psicologicamente, dependemos da companhia alheia. As culturas diferem em termos de quanto uma pessoa é influenciada pelas outras, ou pela opinião internalizada de outras pessoas quando estão sozinhas.[10] Os hindus tradicionais, por exemplo, não eram considerados indivíduos separados, como os pensamos, mas vistos como nós em uma rede social ampla. A identidade de uma pessoa era determinada não tanto por seus pensamentos e ações únicos, mas por quem eram seus pais, irmãos, primos e filhos. Em nosso tempo, também, em comparação com as crianças caucasianas, as de origem asiática estão muito mais conscientes das expectativas e pontos de vista dos pais, mesmo quando estão sozinhas — em termos psicanalíticos, podemos dizer que têm um superego mais forte. Mas não importa quão individualista uma cultura seja, são os outros que determinam em grande parte a qualidade de vida de um indivíduo.

A maioria das pessoas passa aproximadamente a mesma quantidade de tempo em três contextos sociais. O primeiro é composto por estranhos, colegas de trabalho ou, no caso dos jovens, colegas de escola. Esse espaço "público" é onde as ações de uma pessoa são avaliadas pelos outros, onde se compete por recursos e onde podem ser estabelecidas relações de cooperação. Muitos defendem que essa esfera pública de ação é a mais importante para o desenvolvimento do potencial de uma pessoa, aquela em que se correm os maiores riscos, mas ocorre o maior crescimento.[11]

O segundo contexto é constituído pela família — para os filhos, seus pais e irmãos; para os adultos, seus parceiros, cônjuges e filhos. Embora, recentemente, o próprio conceito de "família" como unidade social reconhecível venha sendo severamente criticado, e embora seja verdade que nenhum tipo de arranjo se encaixa nessa definição no tempo e no espaço, também é verdade que sempre e em todos os lugares houve um grupo de pessoas com quem o indivíduo tinha laços especiais de parentesco, se sentia mais seguro e por quem sentia mais responsabilidade. Hoje, por mais diferentes que sejam algumas de nossas famílias reconstituídas, em comparação com a família tradicional, parentes próximos ainda proporcionam uma forma singular de experiência.

Por fim, existe o contexto definido pela ausência de outros: a solidão. Nas sociedades tecnológicas, passamos cerca de um terço do dia sozinhos, uma proporção muito maior do que na maioria das sociedades tribais, onde ficar sozinho é muitas vezes considerado bastante perigoso. Para muitos de nós, ficar sozinho é indesejável; a grande maioria das pessoas tenta evitar que isso aconteça, tanto quanto possível. Embora se possa aprender a desfrutar da solidão, esse é um gosto raramente adquirido. Gostemos ou não, porém, muitas das obrigações da vida cotidiana exigem que estejamos sozinhos: crianças precisam estudar e praticar sozinhas, adultos cuidam da casa sozinhos, e muitos trabalhos são, pelo menos em parte, solitários. Portanto, ainda que não a apreciemos, é importante aprender a tolerar a solidão; do contrário, nossa qualidade de vida está fadada ao fiasco.

Neste capítulo e no seguinte, falo sobre como as pessoas usam seu tempo, quanto dele passam sozinhas ou com outros, e como se sentem em relação ao que fazem. Quais são as evidências que servem de base para minhas afirmações?

A forma mais comum de descobrir o que as pessoas fazem com seu tempo é por meio de entrevistas, pesquisas e orçamentos de tempo. Esses métodos geralmente pedem que as pessoas preencham um diário ao final de um dia ou de uma semana; eles são fáceis de administrar, mas, por se basearem na memória, não são muito precisos. Outro instrumento é o Método de Amostragem da Experiência (MAE), que desenvolvi na Universidade de Chicago no início dos anos 1970.[12] O MAE usa um pager ou um relógio programável que sinaliza às pessoas em que momento elas devem preencher duas páginas de um livreto que levam sempre consigo. Os sinais são programados para disparar em horários aleatórios, dentro de segmentos de duas horas do dia, desde o início da manhã até às onze da noite ou mais tarde. Ao sinal, a pessoa anota onde está, o que está fazendo, no que está pensando e com quem está. Em seguida, classifica seu estado de consciência no momento em várias escalas numéricas — qual o seu grau de felicidade, concentração, motivação, autoestima e assim por diante.

Ao final de uma semana, cada pessoa terá preenchido cerca de 56 páginas do livreto MAE, fornecendo praticamente um relatório completo de suas atividades e experiências diárias. Ao longo da semana, podemos rastrear as atividades de uma pessoa da manhã até a noite, dia após dia, e acompanhar suas mudanças de humor em relação ao que está fazendo e com quem está.

Em nosso laboratório em Chicago, reunimos ao longo dos anos mais de 70 mil páginas de cerca de 2300 entrevistados; pesquisadores de universidades em outras partes do mundo mais do que triplicaram essas cifras. Um número elevado de respostas é importante porque nos permite olhar para a forma e a qualidade da vida diária com bastante detalhe e considerável precisão. Ele nos permite ver, por exemplo, com que frequência as pessoas fazem refeições, e como se sentem nesses momentos. Além disso, podemos ver se adolescentes, adultos e idosos têm as mesmas sensações em relação às refeições, e se comer é uma experiência semelhante quando se está sozinho ou acompanhado. O método também permite comparações entre norte-americanos, europeus, asiáticos e qualquer outra cultura na qual o método possa ser empregado. Nas páginas a seguir, usarei os resultados obtidos por pesquisas e entrevistas de forma intercalada com os resultados do MAE. As notas ao fim do livro indicarão as fontes desses dados.

2. O conteúdo da experiência

Vimos que trabalho, manutenção e lazer consomem a maior parte da nossa energia psíquica. No entanto, uma pessoa pode amar o trabalho, e outra odiá-lo; uma pessoa pode aproveitar o tempo livre, e outra ficar entediada quando não há nada para fazer. Então, se por um lado o que fazemos dia após dia tem muito a ver com o tipo de vida que levamos, a forma como experimentamos o que fazemos é ainda mais importante.

De certo modo, as emoções são os elementos mais subjetivos da consciência, uma vez que é apenas a própria pessoa que pode dizer se realmente sente amor, vergonha, gratidão ou felicidade. Entretanto, uma emoção é também o conteúdo mais objetivo da mente, porque a "intuição" que experimentamos quando estamos apaixonados, envergonhados, assustados ou felizes é geralmente mais real para nós do que aquilo que observamos no mundo exterior, ou do que quer que aprendamos a partir da ciência ou da lógica. Assim, muitas vezes nos encontramos na posição paradoxal de sermos como psicólogos comportamentais quando olhamos para os outros, desconsiderando o que eles dizem e confiando apenas no que fazem; ao passo que, quando olhamos para nós mesmos, somos como fenomenólogos, levando nossos sentimentos interiores mais a sério do que eventos externos ou atitudes explícitas.

Os psicólogos listaram nove emoções básicas que podem ser identificadas com segurança por meio de expressões faciais entre pessoas que vivem em culturas muito diferentes; logo, parece que, assim como são capazes de enxergar e falar, os seres humanos compartilham também um conjunto comum de estados de espírito.[1] Para simplificar ao máximo, podemos dizer que todas as emoções compartilham uma dualidade básica: ou são positivas e atraentes, ou negativas e repulsivas. É por causa dessa simples característica que as emoções nos ajudam a escolher o que deve ser bom para nós. Um bebê é atraído por um rosto humano e fica feliz quando vê a mãe, porque isso o ajuda a se relacionar com um cuidador. Sentimos prazer ao comer, ou quando estamos com um parceiro, porque a espécie não sobreviveria se não buscássemos comida e sexo. Sentimos uma repulsa instintiva diante de cobras, insetos, odores pútridos, escuridão — coisas que, no passado evolutivo, podem ter apresentado sérios riscos à sobrevivência.

Além das emoções simples de tipo genético, os humanos desenvolveram um grande número de sentimentos mais sutis e ternos, e também degradados.[2] A evolução da consciência autorreflexiva permitiu à nossa espécie "brincar" com os sentimentos, fingi-los ou manipulá-los de formas que nenhum outro animal é capaz. As músicas, danças e máscaras de nossos ancestrais evocavam pavor e admiração, alegria e embriaguez. Filmes de terror, drogas e música fazem o mesmo hoje em dia. Originalmente, as emoções serviam como sinais sobre o mundo exterior; hoje, estão com frequência apartadas de qualquer objeto real, para serem vivenciadas por si mesmas.

A felicidade é o protótipo das emoções positivas. Como muitos pensadores desde Aristóteles já disseram, tudo o que fazemos visa, em última análise, experimentar a felicidade. No fundo, não queremos riqueza, saúde ou fama por si mesmas — queremos essas coisas porque esperamos que nos façam felizes. No entanto, buscamos a felicidade não porque ela nos trará outra coisa, mas por ela mesma. Se a felicidade é de fato o maior objetivo da vida, o que sabemos sobre ela?

Até meados do século XX, os psicólogos relutavam em estudar a felicidade, porque, segundo o paradigma behaviorista dominante nas ciências sociais, as emoções subjetivas eram frágeis demais para serem objeto de pesquisa científica.[3] Entretanto, à medida que o "empirismo radical" se esvaiu da academia nas últimas décadas, a importância das experiências subjetivas pôde então voltar a ser contemplada, e o estudo da felicidade foi posto em prática com vigor renovado.

O que se constatou é ao mesmo tempo algo familiar e surpreendente. É surpreendente, por exemplo, que, apesar dos problemas e tragédias, em todo o mundo as pessoas tendam a se descrever muito mais como felizes do que como infelizes. Nos Estados Unidos, um terço dos entrevistados em amostras representativas normalmente se dizem "muito felizes", e apenas um em cada dez "não muito felizes". A maioria se classifica acima da média, como "bastante felizes". Resultados semelhantes são relatados em dezenas de outros países. Como isso é possível se, ao longo dos tempos, ao refletir sobre o quanto a vida pode ser curta e dolorosa, os pensadores sempre nos disseram que o mundo é um vale de lágrimas e que não fomos feitos para ser felizes? Talvez a razão para a discrepância seja que profetas e filósofos tendem a ser perfeccionistas, e sintam-se ultrajados pelas imperfeições da vida. Já o restante da humanidade está feliz pelo simples fato de estar vivo, com imperfeições e tudo mais.

Claro que existe uma explicação mais pessimista: quando as pessoas dizem estar muito felizes, ou estão enganando o pesquisador que conduz a investigação ou, com maior probabilidade, tentando disfarçar o medo. Afinal de contas, Karl Marx nos acostumou a pensar que um operário pode se sentir perfeitamente feliz, mas que essa felicidade subjetiva é um autoengano sem nenhum significado, porque objetivamente o trabalhador é alienado pelo sistema que explora seu trabalho. Jean-Paul Sartre, por sua vez, afirmou que a maioria das pessoas vive com uma "falsa consciência", fingindo até para si mesmas que estão vivendo no melhor dos mundos. Mais recentemente, Michel Foucault e os pós-modernistas deixaram claro que o que as pessoas nos dizem não reflete eventos reais, mas apenas um estilo de narrativa, um modo de falar que se refere somente a si mesmo. Embora iluminem questões importantes que precisam ser consideradas, essas críticas da autopercepção também padecem da arrogância intelectual de estudiosos que acreditam que suas interpretações da realidade devem ter precedência sobre a experiência direta da multidão. Apesar das profundas dúvidas de Marx, Sartre e Foucault, ainda acredito que, quando uma pessoa diz que é "bastante feliz", ninguém tem o direito de ignorar sua afirmação nem de interpretá-la no sentido oposto.

Outro conjunto de descobertas familiares, mas surpreendentes, tem a ver com a relação entre bem-estar material e felicidade. Como seria de esperar, pessoas que vivem em países com melhor situação material e politicamente mais estáveis se classificam como mais felizes (suíços e noruegueses, por exemplo, dizem ser mais felizes do que gregos e portugueses). Mas isso nem sempre acontece — por exemplo, os irlandeses mais pobres afirmam ser mais felizes do que os japoneses mais ricos. Dentro de uma mesma sociedade, porém, existe apenas uma relação muito tênue entre as finanças e a satisfação com a vida; os bilionários dos Estados Unidos são apenas infinitesimalmente mais felizes do que aqueles com rendimentos na média. E se por um lado a renda pessoal nos Estados Unidos mais do que dobrou entre os anos 1960 e 1990, já descontada a inflação, por outro a proporção de pessoas que se dizem muito felizes permaneceu estável nos 30%. Uma conclusão que as descobertas parecem fundamentar é que, acima do limiar da pobreza, recursos adicionais não aumentam consideravelmente as chances de felicidade.

Inúmeras características particulares estão relacionadas ao grau de felicidade que as pessoas atribuem a si mesmas. Por exemplo, um extrovertido saudável, com grande autoestima, um casamento estável e uma crença religiosa tem muito mais probabilidade de se dizer feliz do que um ateu cronicamente doente, introvertido, divorciado e com baixa autoestima. É olhando para esses conjuntos de relações que o ceticismo da crítica pós-moderna pode fazer sentido. É provável, por exemplo, que uma pessoa saudável e religiosa construa uma narrativa "mais feliz" sobre sua vida, independentemente da qualidade real da experiência. Contudo, como sempre lidamos com os dados "brutos" da experiência por meio de filtros interpretativos, as histórias que contamos sobre como nos sentimos são parte essencial das nossas emoções. Uma mulher que se diz feliz por trabalhar em dois empregos para dar um teto aos filhos provavelmente é, de fato, mais feliz do que uma mulher que não vê por que deveria se preocupar em conseguir um único emprego sequer.

Mas está claro que a felicidade não é a única emoção que vale a pena levarmos em conta. Com efeito, se o objetivo é melhorar a qualidade da vida cotidiana, a felicidade pode ser o ponto de partida errado. Em primeiro lugar, os relatos individuais de felicidade não variam de pessoa para pessoa da mesma forma que os outros sentimentos; por mais vazia que uma vida possa ser, a maioria das pessoas reluta em se confessar infeliz. Além disso, essa emoção é mais uma característica pessoal do que algo ligado a uma contingência. Em outras palavras, com o passar do tempo algumas pessoas se consideram felizes independentemente das condições externas, enquanto outras se acostumam a se sentir relativamente menos felizes, o que quer que lhes aconteça. Outros sentimentos são muito mais influenciados pelo que fazemos, com quem estamos ou pelo lugar em que estamos. Esses estados de espírito são mais passíveis de mudanças diretas, e, uma vez que também estão ligados ao grau de felicidade que sentimos, a longo prazo podem elevar nosso nível médio de felicidade.

Nosso grau de dinamismo, força e atenção, por exemplo, depende muito do que fazemos — esses sentimentos se tornam mais intensos quando estamos envolvidos em uma tarefa difícil, e mais brandos quando fracassamos em algo, ou quando não tentamos fazer nada. Logo, são sentimentos que podem ser diretamente afetados pelo que escolhemos fazer. Quando nos sentimos ativos e fortes, é também mais provável que nos sintamos felizes, de modo que, ao longo do tempo, as escolhas em relação ao que fazemos também irão afetar nossa felicidade. Da mesma forma, as pessoas em geral tendem a se sentir mais alegres e sociáveis quando em companhia de outras pessoas do que quando sozinhas. Mais uma vez, a sociabilidade e a alegria estão relacionadas à felicidade, o que provavelmente explica por que os extrovertidos tendem, em média, a ser mais felizes do que os introvertidos.

A qualidade de vida não depende apenas da felicidade, mas também daquilo que fazemos para ser felizes. Se fracassamos em alcançar metas que dão sentido à nossa existência, se não usamos a mente em toda a sua capacidade, então os bons sentimentos preenchem apenas uma fração do nosso potencial. Não se pode dizer que uma pessoa que encontra o contentamento retirando-se do mundo para "cultivar seu próprio jardim", como o Cândido de Voltaire, leva uma vida plena. Sem sonhos nem riscos, só podemos alcançar uma representação superficial de vida.

As emoções afetam os estados internos de consciência. Emoções negativas como a tristeza, o medo, a ansiedade ou o tédio produzem uma "entropia psíquica"[4] na mente, isto é, um estado em que não podemos usar nossa atenção de forma eficaz para lidar com tarefas externas, porque precisamos dela para restaurar a ordem subjetiva interna. Emoções positivas como a felicidade, o vigor ou a prontidão são estados de "negentropia psíquica", pois, uma vez que não consomem nossa atenção em ruminações e sentimentos de autocomiseração, permitem que a energia psíquica flua livremente para qualquer pensamento ou tarefa em que decidamos investi-la.

Quando decidimos investir atenção em determinada tarefa, dizemos ter criado uma intenção, ou estabelecido uma meta para nós mesmos. A quantidade de tempo e a intensidade que dedicamos aos nossos objetivos é uma função da motivação. Logo, intenções, metas e motivações também são manifestações de negentropia psíquica. Elas concentram a energia psíquica, elencam prioridades e, assim, criam ordem na consciência. Sem elas, os processos mentais se tornam aleatórios, e os sentimentos tendem a se deteriorar rapidamente.

As metas costumam ser organizadas de forma hierárquica, desde as mais triviais, como ir até a esquina e comprar um sorvete, até arriscar a vida pelo próprio país. Ao longo de um dia normal, as pessoas dizem que durante cerca de um terço do tempo fazem o que fazem porque querem, um terço porque tinham que fazer, e o último terço porque não tinham nada melhor para fazer. Essas proporções variam de acordo com a idade, o sexo e a atividade: crianças têm maior sensação de escolha do que os pais, e homens mais do que as esposas; tudo que uma pessoa faz no ambiente doméstico é visto como mais voluntário do que no ambiente de trabalho.

Um volume considerável de evidências mostra que, apesar de se sentirem melhor quando fazem algo por vontade própria, as pessoas não se sentem pior quando fazem algo por obrigação. A entropia psíquica é mais alta quando elas têm a sensação de que o que estão fazendo é motivado pelo fato de não terem mais nada para fazer. Assim, tanto a motivação intrínseca (querer fazer) quanto a motivação extrínseca (ter que fazer) são preferíveis ao estado em que se age por reflexo, sem nenhuma meta na qual concentrar a atenção. Desse modo, uma grande parte da vida, que muitas pessoas vivenciam como algo carente de motivação, deixa bastante espaço para aprimoramento.

As intenções concentram a energia psíquica no curto prazo, enquanto as metas tendem a ser de longo prazo, e no fim das contas são as metas que perseguimos que vão moldar e determinar o tipo de pessoa que nos tornaremos. O que faz a madre Teresa de Calcutá ser radicalmente diferente de Madonna são as metas nas quais investiram sua atenção ao longo da vida. Sem um conjunto consistente de metas, é difícil desenvolver um self coerente. É por meio do investimento sistematizado da energia psíquica fornecida pelas metas que se cria ordem na experiência. Essa ordem, que se manifesta em ações, emoções e escolhas previsíveis, com o tempo se torna identificável como um "self" mais ou menos singular.

As metas que uma pessoa adota também afetam sua autoestima.[5] Como William James apontou há mais de um século, a autoestima depende da razão entre expectativa e êxito. Uma pessoa pode desenvolver baixa autoestima ou porque estabelece metas muito ambiciosas ou porque alcança poucos êxitos. Assim, não é necessariamente verdade que uma pessoa com mais conquistas terá maior autoestima. Ao contrário do que se poderia esperar, os estudantes norte-americanos de origem asiática que obtêm excelentes notas tendem a ter autoestima mais baixa do que outras minorias menos bem-sucedidas em termos acadêmicos, porque proporcionalmente suas metas são definidas como ainda mais altas do que seu êxito. Mães que trabalham em período integral têm autoestima mais baixa do que as que não trabalham, porque, embora concretizem mais coisas, suas expectativas superam suas conquistas. Disso decorre que, na contramão do senso comum, aumentar a autoestima das crianças nem sempre é uma boa ideia — principalmente se isso é feito por meio da redução de suas expectativas.

Existem outros equívocos relacionados a intenções e metas. Alguns, por exemplo, apontam que as religiões orientais, como as diferentes vertentes do hinduísmo e do budismo, prescrevem a eliminação da intencionalidade como pré-requisito para a felicidade. Eles afirmam que somente ao renunciar a qualquer tipo de desejo, ao alcançar uma existência desprovida de objetivos, podemos esperar evitar a infelicidade. Essa linha de pensamento levou muitos jovens na Europa e nos Estados Unidos a tentarem rejeitar qualquer meta, na crença de que apenas atitudes inteiramente espontâneas e aleatórias conduziriam a uma vida iluminada.

A meu ver, esta interpretação da mensagem oriental é bastante superficial. Afinal de contas, tentar abolir o desejo é em si uma meta extremamente difícil e ambiciosa. A maioria de nós é tão integralmente programada por desejos genéticos e culturais que é preciso uma força de vontade quase sobre-humana para apaziguá-los por completo. Aqueles que, ao serem espontâneos, esperam evitar o estabelecimento de metas costumam apenas seguir cegamente as metas estabelecidas para eles pelos instintos e pela educação. Muitas vezes, acabam sendo tão mesquinhos, lascivos e preconceituosos que poderiam deixar de cabelo em pé um bom monge budista.

Creio que a verdadeira mensagem das religiões orientais não consiste na abolição de todas as metas. O que essas religiões nos dizem é que devemos desconfiar da maior parte das intenções que elaboramos espontaneamente. Para garantir a sobrevivência em um mundo perigoso dominado pela escassez, nossos genes nos programaram para ser gananciosos, desejar o poder, dominar os outros. Pela mesma razão, o grupo social em que nascemos nos ensina que somente aqueles que compartilham nossa língua e nossa religião são confiáveis. A inércia do passado dita que a maioria dos nossos objetivos será moldada pela herança genética ou cultural. São essas metas, dizem os budistas, que devemos aprender a refrear. Mas isso requer uma motivação muito forte. Paradoxalmente, a meta de rejeitar metas programadas pode exigir o investimento constante de toda a energia psíquica de uma pessoa. Um iogue ou um monge budista precisam de cada gota de sua atenção para evitar que desejos programados irrompam na consciência, e, assim, têm pouca energia psíquica livre para fazer qualquer outra coisa. Desse modo, a práxis das religiões orientais é praticamente o oposto de como costuma ser interpretada no Ocidente.

Aprender a administrar as próprias metas é um passo importante para alcançar uma vida plena. Fazer isso, no entanto, não envolve nem o extremo da espontaneidade, de um lado, nem o controle compulsivo, do outro. A melhor solução talvez seja compreender as raízes da própria motivação e, ao mesmo tempo, identificar os preconceitos envolvidos em seus desejos para, com toda humildade, adotar metas que coloquem ordem na consciência sem provocar muita desordem no ambiente social ou material. Buscar menos do que isso significa desperdiçar a oportunidade de desenvolver o seu potencial, e buscar muito mais significa pavimentar a derrota.

O terceiro componente da consciência são as operações mentais cognitivas.[6] Pensar é uma questão tão complexa que está totalmente fora de cogitação tratá-la aqui de maneira sistemática — em vez disso, o melhor é simplificar o assunto para que possamos falar sobre ele em relação à vida cotidiana. O que chamamos de pensamento também é um processo pelo qual a energia psíquica é ordenada. As emoções concentram a atenção mobilizando todo o organismo em um modo de aproximação ou de rejeição. As metas fazem isso oferecendo imagens dos resultados desejados. Os pensamentos dão ordem à atenção produzindo sequências de imagens que se relacionam umas com as outras de algum modo significativo.

Por exemplo, uma das operações mentais mais básicas consiste na associação entre causa e efeito. Podemos observar facilmente como essa operação tem início na vida de uma pessoa ao pensarmos na criança que descobre pela primeira vez que, ao mexer a mão, consegue tocar o sino pendurado no berço. Essa simples conexão é o paradigma no qual se baseia grande parte dos pensamentos posteriores. Com o tempo, porém, os passos que levam da causa ao efeito se tornam cada vez mais abstratos e distantes da realidade concreta. Um eletricista, um compositor, um corretor da bolsa analisam simultaneamente centenas de conexões possíveis entre os símbolos em que suas mentes se baseiam para funcionar — watts e ohms, notas e compassos, preços de compra e venda de ações.

A essa altura, provavelmente está claro que as emoções, as intenções e os pensamentos não passam pela consciência como canais isolados de experiência, mas que estão constantemente interligados e influenciam uns aos outros ao longo do caminho. Um jovem se apaixona por uma garota e experimenta todas as emoções típicas implicadas pelo amor. Ele deseja conquistar o coração dela e começa a pensar em como alcançar essa meta. Imagina que comprar um carro novo e bonito vai atrair a atenção da garota. Então, agora, a meta de ganhar dinheiro para comprar um carro novo está embutida na meta de cortejar — mas ter que trabalhar mais pode atrapalhar suas expedições de pescaria e provocar emoções negativas, gerando novos pensamentos, que por sua vez podem realinhar as metas do jovem com suas emoções... O fluxo da experiência sempre carrega muitos desses pedaços de informação ao mesmo tempo.

Para efetuar operações mentais em qualquer grau de profundidade que seja, é preciso aprender a concentrar a atenção. Sem foco, a consciência fica em estado de caos. A condição normal da mente é a de desordem informacional: pensamentos aleatórios se sucedem uns aos outros, em vez de se alinharem em sequências lógicas e causais. A menos que aprendamos a nos concentrar e sejamos capazes de fazer esse esforço, os pensamentos tendem a se dispersar sem chegar a nenhuma conclusão. Mesmo o devaneio — isto é, a sucessão de imagens agradáveis para criar uma espécie de narrativa mental — exige capacidade de concentração, e, ao que parece, muitas crianças jamais aprendem a controlar a atenção o suficiente para serem capazes de sonhar acordadas.

A concentração exige mais esforço quando vai na contramão das emoções e das motivações. Um aluno que odeia matemática terá dificuldade em concentrar a atenção em um livro de cálculo por tempo suficiente para absorver as informações ali contidas, e serão necessários fortes incentivos (como querer passar de ano) para que o faça. Normalmente, quanto mais difícil é uma tarefa mental, mais difícil é se concentrar nela. Entretanto, quando uma pessoa gosta do que faz e está motivada para fazê-lo, focar a mente torna-se fácil, mesmo quando as dificuldades objetivas são grandes.

Em geral, quando surge a questão do pensamento, a maioria das pessoas presume que ele tem a ver com a inteligência. Elas se interessam pelas diferenças individuais de pensamento, com perguntas ou afirmações como "Qual é o meu QI?" ou "Ele é um gênio em matemática". A inteligência diz respeito a uma variedade de processos mentais;[7] por exemplo, com que facilidade uma pessoa consegue representar e manejar valores de cabeça, ou até que ponto é sensível à informação contida nas palavras. Mas, como mostrou Howard Gardner, é possível estender o conceito de inteligência para incluir a capacidade de distinguir e aplicar todo tipo de informação, incluindo sensações musculares, sons, sentimentos e formas visuais. Algumas crianças nascem com uma sensibilidade ao som acima da média. Elas conseguem diferenciar tons e alturas melhor do que as outras e, à medida que crescem, aprendem a reconhecer notas e a produzir harmonias com mais facilidade do que os colegas. Da mesma forma, pequenas vantagens no início da vida podem se transformar em grandes diferenças nas habilidades visuais, atléticas ou matemáticas.

Mas os talentos inatos não têm como evoluir para uma inteligência madura a menos que se aprenda a controlar a atenção.[8] Somente por meio de um grande investimento de energia psíquica uma criança com dons musicais pode se converter em músico, ou uma criança com talento para a matemática em engenheiro ou físico. É preciso muito esforço para absorver o conhecimento e as habilidades necessárias para realizar as operações mentais que se espera que um profissional adulto realize. Mozart era um prodígio e um gênio, mas, se seu pai não o tivesse forçado a praticar desde que largou as fraldas, dificilmente seu talento teria florescido como floresceu. Ao aprender a se concentrar, uma pessoa adquire controle sobre a energia psíquica, o combustível básico do qual depende todo o processo de pensamento.

Na vida cotidiana, é raro que os diferentes conteúdos da experiência estejam em sincronia.[9] No trabalho, minha atenção pode estar focada porque meu chefe me atribuiu uma tarefa que requer pensamento intenso. Mas essa tarefa em particular não é algo que eu normalmente gostaria de fazer, então não me sinto muito motivado intrinsecamente. Ao mesmo tempo, sou distraído por sentimentos de apreensão quanto ao comportamento errático de meu filho adolescente. Assim, ainda que parte da minha mente esteja concentrada na tarefa, não estou completamente envolvido nela. Isso não quer dizer que minha mente esteja mergulhada em um caos completo, mas há um pouco de entropia em minha consciência — pensamentos, emoções e intenções entram em foco e depois desaparecem, produzindo impulsos contrários e atraindo minha atenção em direções diferentes. Ou, para dar outro exemplo, posso tomar um drinque com os amigos depois do expediente, mas me sinto culpado por não ir para casa ficar com a minha família, e com raiva de mim mesmo por desperdiçar tempo e dinheiro.

Nenhum desses cenários é particularmente incomum. A vida cotidiana está cheia deles: raras vezes experimentamos a serenidade que surge quando o coração, a vontade e a mente estão alinhados. Desejos, intenções e pensamentos conflitantes se acotovelam na consciência, sem que possamos fazer nada para mantê-los em ordem.

Mas, agora, vamos analisar algumas alternativas. Imagine, por exemplo, que você está esquiando e toda a sua atenção está focada nos movimentos do corpo, na posição dos esquis, no vento batendo em seu rosto e nas árvores cobertas de neve que ficam para trás. Não há espaço em sua consciência para conflitos ou contradições; você sabe que um pensamento ou emoção que o distraia pode fazer com que acabe de cara na neve. E quem quer se distrair? A descida é tão perfeita que tudo o que você deseja é que ela dure para sempre, e mergulhar completamente na experiência.

Se esquiar não lhe diz grande coisa, substitua pela sua atividade preferida. Pode ser cantar em um coral, escrever um código de programação, dançar, jogar bridge, ler um bom livro. Ou, se você ama o seu trabalho, como é o caso de muita gente, pode ser quando você está absorto em uma cirurgia complicada ou tentando fechar um negócio. Mas essa imersão completa na atividade também pode ocorrer em uma interação social, como numa conversa entre amigos, ou quando uma mãe brinca com seu bebê. O que é comum a esses momentos é que a consciência está repleta de experiências, e essas experiências estão em harmonia umas com as outras. Ao contrário do que acontece com muita frequência na vida cotidiana, em momentos como esses existe harmonia entre o que sentimos, o que desejamos e o que pensamos.

Esses momentos excepcionais são o que chamei de *experiências de flow*. A metáfora do flow é utilizada por muitas pessoas para descrever a sensação de ação sem esforço experimentada em momentos que se destacam como os melhores de suas vidas. Os atletas se referem a isso como "imersão", os místicos religiosos como estar em "êxtase", os artistas e músicos como arrebatamento estético. Atletas, místicos e artistas fazem coisas muito diferentes quando atingem o flow, mas suas descrições da experiência são incrivelmente parecidas.

O flow tende a ocorrer quando uma pessoa se vê diante de uma lista clara de metas que exigem uma resposta adequada. É fácil entrar no flow em jogos como xadrez, tênis ou pôquer, que possuem metas e regras de ação que possibilitam ao jogador agir sem questionar o que deve ser feito, e como. Durante a partida, o jogador habita um universo independente, onde tudo é preto no branco. A mesma clareza de objetivos está presente quando realizamos um ritual religioso, tocamos uma música, tecemos um tapete, escrevemos um código de programação, escalamos uma montanha ou realizamos uma cirurgia. As atividades que induzem ao flow podem ser chamadas de "atividades de flow", porque tornam mais provável que se produza a experiência. Em contraste com a vida normal, as atividades de flow permitem que uma pessoa se concentre em metas claras e coerentes.

Outra característica das atividades de flow é que elas proporcionam um feedback imediato. Deixam claro se você está indo bem ou não. Após cada jogada você é capaz de dizer se melhorou sua posição. A cada movimento, o alpinista sabe que subiu mais um pouco. Após cada compasso de uma música, você consegue ouvir se as notas que cantou correspondem à partitura. O tecelão pode ver se a última fileira de pontos se ajusta de maneira adequada ao padrão da tapeçaria. O cirurgião pode ver, enquanto corta, se o bisturi atingiu alguma artéria e provocou uma hemorragia. No trabalho ou em casa, podemos passar longos períodos sem ter ideia da posição em que nos encontramos, enquanto, no flow, normalmente sabemos.

O flow tende a ocorrer quando nossas habilidades estão totalmente envolvidas na superação de um desafio manejável. Experiências excepcionais costumam envolver um bom equilíbrio entre a capacidade de agir e as oportunidades disponíveis para ação (ver figura 1). Se os desafios são muito grandes, ficamos frustrados, depois preocupados e, por fim, ansiosos. Se os desafios são muito pequenos em relação às nossas habilidades, ficamos relaxados e, depois, entediados. Se os desafios e as habilidades são vistos como pequenos, nos sentimos apáticos. Mas quando grandes desafios são combinados a uma grande habilidade, é provável que ocorra o profundo envolvimento que separa o flow da vida comum. O alpinista vai sentir isso quando a montanha exigir toda a sua força, o cantor quando a música exigir o uso de toda a sua extensão vocal, o tecelão quando o padrão da tapeçaria for mais complexo do que qualquer coisa que já tentou antes, e o cirurgião quando a operação envolver novos procedimentos ou exigir uma alternativa imprevista. Um dia comum é repleto de ansiedade e de tédio. As experiências de flow oferecem flashes de uma vida intensa em contraste com esse pano de fundo monótono.

FIGURA 1[10]

A qualidade da experiência enquanto função da relação entre desafios e habilidades. A experiência ótima, ou flow, ocorre quando ambas as variáveis são altas.

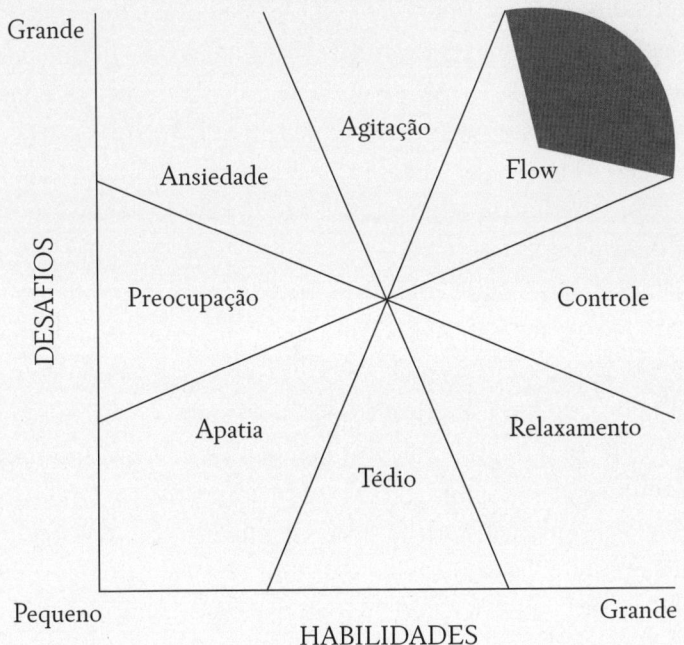

FONTES: Adaptado de Massimini e Carli (1988) e Csikszentmihalyi (1990).

Quando as metas são claras, o feedback é relevante e os desafios e as habilidades estão em equilíbrio, a atenção é ordenada e aplicada integralmente.

Devido à demanda total de energia psíquica, uma pessoa em flow está completamente focada. Não há espaço na consciência para pensamentos perturbadores e sentimentos irrelevantes. A autoconsciência desaparece, mas a pessoa se sente mais forte do que o normal. A noção de tempo é distorcida: horas parecem passar em minutos. Quando todo o ser de uma pessoa está envolvido no pleno funcionamento do corpo e da mente, tudo o que se faz tem valor por si mesmo; viver se torna sua própria justificativa. Na sincronização harmoniosa das energias física e psíquica, a vida por fim se realiza.

É o envolvimento total no flow, e não a felicidade, que contribui para uma vida plena. Quando estamos em flow não estamos felizes, porque, para experimentar a felicidade, precisamos nos concentrar em nossos estados internos, e isso desviaria a atenção da tarefa que temos em mãos. Se um alpinista tira um tempo para se sentir feliz enquanto estuda um movimento difícil, pode acabar deslizando montanha abaixo. O cirurgião não pode se dar ao luxo de se sentir feliz durante uma operação complexa, nem um músico ao tocar uma partitura desafiadora. Somente depois de concluída a tarefa é que temos tempo para olhar para trás e ver o que aconteceu, e é então que somos inundados de gratidão pela plenitude da experiência — é então que, em retrospecto, ficamos felizes. Mas é possível ser feliz sem experimentar o flow. Podemos ser felizes experimentando o prazer passivo de um corpo descansado, o calor do sol, a alegria de um relacionamento sereno. Esses também são momentos que merecem ser valorizados, mas esse tipo de felicidade é muito vulnerável e dependente de circunstâncias externas favoráveis. A felicidade que se segue ao flow é fruto da nossa própria criação, e proporciona uma complexidade e um amadurecimento cada vez maiores em nossa consciência.

A figura 1 também pode ser usada para explicar por que o flow conduz ao crescimento pessoal. Digamos que uma pessoa esteja na região identificada como "Agitação". Não é um estado ruim; quando agitada, uma pessoa se sente mentalmente focada, ativa e envolvida — mas não muito forte, alegre, nem no controle. Como é possível retornar ao estado de flow, mais agradável? A resposta é óbvia: aprendendo novas habilidades. Ou vejamos então a área identificada como "Controle". Este também é um estado de experiência positivo, no qual a pessoa se sente feliz, forte, satisfeita. Mas tende a faltar concentração, envolvimento e a sensação de que aquilo que está sendo feito é importante. Então, como voltar ao flow? Aumentando os desafios. Logo, a agitação e o controle são estados muito importantes para o aprendizado. As outras condições são menos favoráveis. Quando uma pessoa está ansiosa ou preocupada, por exemplo, o caminho até o flow muitas vezes parece longo demais, e ela se afasta para uma situação menos desafiadora, em vez de tentar lidar com o desafio.

Assim, a experiência do flow atua como um ímã para o aprendizado, ou seja, para o desenvolvimento de novos graus de desafios e habilidades. Em uma situação ideal, uma pessoa estaria em constante crescimento e ao mesmo tempo desfrutando do que quer que fizesse. Infelizmente, sabemos que esse não é o caso. Via de regra, nos sentimos entediados e apáticos demais para entrar na zona de flow, e preferimos entupir a mente com estímulos prontos e embalados, como séries e filmes ou qualquer outro tipo de entretenimento profissional. Ou então nos sentimos sobrecarregados demais para sequer cogitar a ideia de desenvolver as habilidades adequadas, e preferimos nos entregar à apatia provocada por relaxantes artificiais como as drogas ou o álcool. É preciso energia para alcançar experiências ideais, e, muitas vezes, ou somos incapazes ou não queremos fazer o esforço inicial.

Com que frequência as pessoas experimentam o flow?[11] Depende se estamos dispostos a levar em conta até mesmo ligeiras aproximações da condição ideal como instâncias de flow. Por exemplo, se alguém perguntar a uma amostra de norte-americanos típicos: "Você já se envolveu em algo de forma tão profunda que nada mais parecia importar e você perdeu a noção do tempo?", cerca de uma em cada cinco pessoas dirá que sim, que isso acontece com frequência, até várias vezes ao dia; ao passo que cerca de 15% dirão que não, que isso nunca acontece com elas. Esses percentuais parecem ser bastante estáveis e universais. Em uma pesquisa recente com uma amostra representativa de 6469 alemães, por exemplo, a mesma pergunta foi respondida da seguinte maneira: Com frequência, 23%; De vez em quando, 40%; Raramente, 25%; Nunca ou Não sei dizer, 12%. É claro que, se considerássemos apenas as experiências de flow mais intensas e acaloradas, a frequência seria muito mais rara.

As experiências de flow costumam ser relatadas quando as pessoas estão realizando suas atividades preferidas: cuidar do jardim, ouvir música, jogar boliche, preparar uma boa refeição. Elas também ocorrem quando se está dirigindo, conversando com amigos e, com uma frequência surpreendente, durante o trabalho. É raro que sejam relatadas durante atividades passivas de lazer, como ver televisão ou relaxar. Entretanto, como quase qualquer atividade é capaz de produzir o flow, contanto que os elementos relevantes estejam presentes, é possível melhorar nossa qualidade de vida garantindo que metas claras, feedback imediato, habilidades em sintonia com oportunidades de ação e as demais condições essenciais ao flow sejam, tanto quanto possível, uma parte constante do nosso cotidiano.

3. Como nos sentimos quando fazemos coisas diferentes

A qualidade de vida depende do que fazemos ao longo dos anos que temos à nossa disposição e do que se passa na consciência durante esse tempo. Diferentes atividades normalmente afetam a qualidade da experiência de formas bastante previsíveis. Se ao longo da vida fizermos apenas coisas deprimentes, é pouco provável que tenhamos uma vida muito feliz. De modo geral, toda atividade tem qualidades positivas e negativas. Quando comemos, por exemplo, tendemos a sentir os afetos positivos mais do que o normal; um gráfico do nível de felicidade de uma pessoa ao longo do dia se assemelha ao perfil da ponte Golden Gate, na baía de San Francisco, com os pontos altos correspondendo às refeições. Ao mesmo tempo, quando comemos, nossa concentração mental tende a ser bastante baixa, e raramente experimentamos o flow.

Os efeitos psicológicos das atividades não são lineares, mas dependem de sua relação sistêmica com tudo o que fazemos. Por exemplo, embora a comida seja uma fonte de bom humor, não podemos alcançar a felicidade comendo 24 horas por dia. As refeições aumentam o nível de felicidade, mas só quando passamos cerca de 5% do nosso tempo acordados nessa atividade; se passássemos 100% do dia comendo, a comida rapidamente deixaria de ser recompensadora. O mesmo vale para a maioria das outras coisas boas da vida: em pequenas doses, atividades como sexo, relaxamento e ver televisão tendem a melhorar consideravelmente a qualidade de vida diária, mas não têm efeitos cumulativos; rapidamente se chega a um ponto em que o grau de recompensa começa a diminuir.

* * *

Uma visão bastante condensada de como as pessoas costumam experimentar os vários componentes da vida diária é apresentada na tabela 2. Como vemos, quando os adultos trabalham (ou quando as crianças realizam tarefas escolares), eles tendem a se sentir menos felizes do que a média, e sua motivação fica consideravelmente abaixo do normal. Ao mesmo tempo, o nível de concentração é relativamente alto, de modo que seus processos mentais parecem estar mais presentes do que no resto do dia. Surpreendentemente, o trabalho também costuma produzir flow, talvez porque os desafios e as habilidades tendem a ser elevados durante o expediente, e as metas e o feedback em geral são claros e imediatos.

Claro, "trabalho" é uma categoria tão ampla que parece impossível fazer uma generalização precisa sobre ela. Em primeiro lugar, faz sentido pensar que a qualidade da experiência no trabalho depende do tipo de emprego que se tem. Um guarda de trânsito precisa se concentrar muito mais em seu trabalho do que um vigia noturno. Em tese, um empresário autônomo se sente muito mais motivado para trabalhar do que um funcionário público. Ainda que isso seja verdade, a assinatura característica do trabalho se mantém, apesar das diferenças bastante reais. Por exemplo, a experiência dos gerentes quando estão no trabalho se assemelha muito mais à dos trabalhadores da linha de montagem do que à experiência desses mesmos gerentes quando estão em casa.

Outro problema de se fazer generalizações em relação ao trabalho é que um mesmo cargo tem muitos aspectos que são vivenciados de forma diferente. Um gerente pode adorar trabalhar em determinado projeto, mas detestar participar das reuniões, enquanto um montador pode adorar configurar uma máquina, mas detestar fazer inventários. No entanto, ainda é possível falar sobre a qualidade distinta da experiência de trabalhar em comparação com outras categorias gerais de atividade. Quanto mais ela se assemelha a uma atividade de flow, mais envolvidos ficamos e mais positiva é a experiência. Quando o trabalho apresenta metas claras, feedback inteligível, sensação de controle, desafios que correspondem às habilidades do trabalhador e poucas distrações, os sentimentos que ele proporciona não são tão diferentes do que se experimenta com a prática de esporte ou em uma performance artística.

TABELA 2
A QUALIDADE DA EXPERIÊNCIA NAS ATIVIDADES DO DIA A DIA

Com base nas atividades diurnas citadas por uma amostra representativa de adultos e adolescentes em pesquisas norte-americanas recentes. A qualidade típica da experiência em diferentes atividades é indicada de acordo com a legenda:
- negativa; - - muito negativa; 0 mediana ou neutra; + positiva; + + muito positiva

	FELICIDADE	MOTIVAÇÃO	CONCENTRAÇÃO	FLOW
Atividades produtivas				
Trabalhar no ambiente de trabalho ou estudar	-	- -	+ +	+
Atividades de manutenção				
Trabalho doméstico	-	-	0	-
Comer	+ +	+ +	-	0
Higiene	0	0	0	0
Dirigir, deslocar-se	0	0	+	+
Atividades de lazer				
Mídia (televisão e leitura)	0	+ +	-	-
Hobbies, esportes, filmes	+	+ +	+	+ +
Conversar, socializar, fazer sexo	+ +	+ +	0	+
Divagar, descansar	0	+	-	- -

FONTES: Csikszentmihalyi e Csikszentmihalyi (1988). Csikszentmihalyi e Graef (1980). Csikszentmihalyi e LeFevre (1989). Csikszentmihalyi, Rathunde e Whalen (1993). Kubey e Csikszentmihalyi (1990) e Larson e Richards (1994).

As atividades de manutenção são bastante variadas em termos de perfil experiencial. Poucas pessoas gostam dos afazeres domésticos, que de maneira geral tendem a ser negativos ou neutros em todas as dimensões. Se olharmos com mais atenção, no entanto, vamos descobrir que cozinhar costuma ser uma experiência positiva, principalmente em comparação com a limpeza da casa. Cuidados pessoais — tomar banho, se vestir e assim por diante — não costumam ser positivos nem negativos. Comer, como mencionado anteriormente, é um dos momentos mais positivos do dia em termos de afeto e motivação, ao passo que envolve baixa atividade cognitiva e raramente propicia uma ocasião de flow.

Dirigir, que é o último componente importante da categoria de manutenção, constitui, surpreendentemente, uma parte positiva da vida. Embora seja uma atividade neutra em termos de felicidade e motivação, requer habilidade e concentração, e algumas pessoas experimentam o flow com mais frequência enquanto dirigem do que em qualquer outro momento de suas vidas.

Como seria de esperar, o lazer costuma incluir as experiências mais positivas do dia. É durante o lazer que as pessoas se sentem mais motivadas e dizem estar fazendo o que têm vontade de fazer. No entanto, aqui também encontramos algumas surpresas. O lazer passivo, que inclui o consumo de mídia e o descanso, embora seja uma atividade motivadora e razoavelmente feliz, envolve pouca concentração mental e quase nunca conduz ao flow. A socialização — conversar com as pessoas sem muito propósito além da interação em si — costuma ser altamente positiva, embora raras vezes envolva um alto grau de concentração mental. O romance e o sexo proporcionam alguns dos melhores momentos do dia, mas para a maioria das pessoas são atividades bastante raras, de modo que não fazem muita diferença na qualidade de vida geral, a menos que estejam inseridas em um contexto de relacionamento duradouro que também ofereça recompensas emocionais e intelectuais.

O lazer ativo é outra fonte de experiências extremamente positivas. Quando se dedicam a um hobby, praticam exercícios, tocam um instrumento musical ou vão ao cinema ou ao restaurante, as pessoas tendem a se sentir mais felizes, motivadas e concentradas, e a experimentar o flow com mais frequência do que em qualquer outro momento do dia. É nesses contextos que as várias dimensões da experiência estão mais intensamente sincronizadas e em harmonia umas com as outras. É importante lembrar, no entanto, que o lazer ativo, em geral, ocupa apenas algo entre um quarto e um quinto do nosso tempo livre e, para muitos, é amplamente ofuscado pela quantidade de tempo gasto em atividades passivas de lazer, como ver televisão.

Outra forma de observar o padrão apresentado na tabela 2 é perguntar: Quais são as atividades que proporcionam maior felicidade? Quais proporcionam maior motivação? Se fizermos isso, veremos que a felicidade é maior quando se come, quando se está em lazer ativo e quando se conversa com outras pessoas; e menor durante o trabalho no ambiente profissional ou doméstico. A motivação segue um padrão semelhante, com o fato adicional de que o lazer passivo, que não deixa ninguém feliz, é algo que normalmente ainda assim queremos fazer. A concentração é maior no trabalho, ao dirigir e no lazer ativo — essas são as atividades que exigem maior esforço mental durante o dia, e que proporcionam as maiores taxas de flow, assim como a socialização. Quando analisamos o padrão dessa maneira, ele nos mostra mais uma vez que o lazer ativo proporciona a melhor experiência geral, enquanto o trabalho doméstico, os cuidados pessoais e o ócio proporcionam a pior.

Logo, o primeiro passo para melhorar a qualidade de vida consiste em projetar as atividades diárias de modo a extrair delas as experiências mais gratificantes. Isso parece simples, mas a inércia do hábito e a pressão social são tão fortes que muitas pessoas não têm ideia de quais componentes de suas vidas realmente apreciam e quais contribuem para o estresse e a depressão. Manter um diário ou parar para refletir à noite sobre o dia que passou são formas de fazer um balanço sistemático das várias influências que atuam sobre o nosso humor. Depois que estiver claro quais são as atividades que proporcionam os pontos altos do dia, é possível começar a fazer testes — aumentando a frequência das atividades positivas e diminuindo a das outras.

Um exemplo um tanto extremo de como isso pode dar certo foi dado pelo psiquiatra Marten DeVries, encarregado de um grande centro público de saúde mental na Holanda.[1] No hospital em que ele trabalha, o MAE é aplicado com frequência aos pacientes para revelar o que eles fazem, pensam e sentem ao longo do dia. Uma das pacientes de DeVries, uma mulher com esquizofrenia crônica que estava internada havia mais de dez anos, mostrou os habituais padrões confusos de pensamento e o baixo grau de afeto típicos das patologias mentais graves. Durante as duas semanas de aplicação do MAE, entretanto, relatou um humor bastante positivo em duas ocasiões. Em ambos os casos, ela estava fazendo a unha. Acreditando que a tentativa era válida, a equipe pediu a uma manicure profissional que ensinasse à mulher as habilidades de seu ofício. A paciente absorveu com profundidade os ensinamentos e em pouco tempo estava fazendo a unha dos demais pacientes do hospital. Sua disposição mudou de maneira tão drástica que ela foi liberada para voltar à comunidade, sob supervisão; em seguida, abriu o próprio negócio e, dentro de um ano, passou a ser autossuficiente. Ninguém sabe por que fazer a unha era o desafio de que ela precisava, e, se fôssemos interpretar essa história em termos psicanalíticos, talvez ninguém quisesse saber. O fato é que, para aquela pessoa, naquele momento, ser manicure permitiu que algo ligeiramente semelhante ao flow entrasse em sua vida.

O professor Fausto Massimini e sua equipe na Universidade de Milão, na Itália, também adaptaram o MAE como ferramenta de diagnóstico e o empregaram para personalizar intervenções que, ao alterar o padrão das atividades, podem proporcionar uma melhoria no bem-estar. Se um paciente está sempre sozinho, eles encontram trabalhos ou atividades voluntárias que o coloquem em contato social. Se ele tem fobia de pessoas, o levam para passear pelas ruas movimentadas da cidade, ou a espetáculos de música e dança. A presença reconfortante do terapeuta na situação perturbadora, em oposição à segurança do consultório, muitas vezes ajuda a remover os obstáculos que impedem o envolvimento do paciente com atividades capazes de melhorar sua qualidade de vida.

As pessoas criativas são especialmente boas em organizar a vida de modo que aquilo que fazem, quando e com quem lhes permita extrair o máximo possível de seu trabalho.[2] Se a necessidade que têm é de espontaneidade e de caos, elas se asseguram de que haja isso também. A descrição do romancista Richard Stern dos "ritmos" de sua vida cotidiana é bastante emblemática:

> Meu palpite é que ele se assemelha ao ritmo de outras pessoas. Todo mundo que trabalha ou tem uma rotina ou impõe à sua vida momentos definidos em que pode tanto ficar sozinho ou agir em colaboração. De uma forma ou de outra, a pessoa elabora uma espécie de cronograma para si mesma, e esse não é simplesmente um fenômeno externo, exoesquelético. Acho que tem muito a ver com seu próprio eu fisiológico, hormonal, orgânico, e sua relação com o mundo exterior. Os componentes podem ser tão banais como ler o jornal pela manhã. Eu costumava

fazer isso anos atrás, e parei por muito tempo, o que alterou o ritmo do meu dia, e assim por diante. Tomamos uma taça de vinho à noite, em determinado horário, quando o nível de açúcar no sangue está baixo, e então passamos a ansiar por isso.

Uma característica importante dos ritmos diários é a entrada e saída dos momentos de solidão.[3] Repetidamente, nossas descobertas sugerem que as pessoas ficam deprimidas quando estão sozinhas e retomam o vigor quando voltam à companhia de outras. Sozinha, uma pessoa geralmente relata baixo grau de felicidade, pouca motivação, falta de concentração, apatia e toda uma série de outros estados negativos, como passividade, isolamento, exclusão e baixa autoestima. Estar sozinho afeta com maior intensidade os indivíduos com menos recursos: aqueles que não conseguiram estudar, são pobres, solteiros ou divorciados. Os estados patológicos muitas vezes são invisíveis enquanto a pessoa está cercada por outras; eles atuam principalmente quando estamos sozinhos. Os humores experimentados pelas pessoas diagnosticadas com depressão crônica ou distúrbios alimentares são indistinguíveis daqueles de pessoas saudáveis — desde que elas estejam na companhia de outras pessoas e fazendo algo que exija concentração. No entanto, quando estão sozinhas e sem nada para fazer, começam a se deixar tomar por pensamentos de depressão, e sua consciência se torna entrópica. Isso vale, embora em menor grau, para qualquer um.

A razão para isso é que, quando temos que interagir com outra pessoa, mesmo que seja um estranho, nossa atenção se organiza de acordo com as demandas externas. A presença do outro impõe metas e oferece feedback. Mesmo a interação mais simples — como perguntar as horas a alguém — apresenta desafios próprios, que encaramos com nossas habilidades interpessoais. O tom de voz, um sorriso, a postura e a atitude fazem parte do conjunto de habilidades de que precisamos a fim de parar um estranho na rua e causar uma boa impressão. Em encontros mais íntimos, o grau de desafio e das habilidades necessárias pode aumentar bastante. Interações como essas apresentam muitas das características das atividades de flow e, indiscutivelmente, exigem um emprego bem ordenado da energia psíquica. Em contraste, quando estamos sozinhos, sem nada para fazer, não há razão para nos concentrarmos, e o que acontece é que a mente começa a dar voltas e, logo, logo, encontra alguma fonte de preocupação.

Estar com os amigos proporciona as experiências mais positivas. Nessas ocasiões, as pessoas dizem se sentir felizes, alertas, sociáveis, alegres, motivadas. Isso é especialmente verdadeiro entre os adolescentes, mas também vale para idosos aposentados na casa dos setenta e oitenta anos. A importância das amizades no grau de bem-estar é inestimável. A qualidade de vida melhora imensamente quando existe pelo menos uma pessoa disposta a ouvir nossos problemas e a nos dar apoio emocional. Pesquisas realizadas nos Estados Unidos revelaram que, quando uma pessoa afirma ter cinco ou mais amigos com quem pode falar sobre problemas importantes, ela tem uma probabilidade 60% maior de dizer que é "muito feliz".[4]

A experiência com a família tende a ser mediana: não tão boa quanto com os amigos, não tão ruim quanto quando se está sozinho.[5] Mas essa média também deriva de grandes oscilações; uma pessoa pode se sentir extremamente irritada em casa em determinado momento e estar em pleno êxtase em outro. No trabalho, os adultos tendem a ter maior concentração e envolvimento cognitivo, mas se sentem mais motivados e são mais felizes quando estão em casa. O mesmo vale para as crianças quando estão na escola em comparação com quando estão em casa. Os membros de uma mesma família muitas vezes experimentam suas interações de forma diferente uns dos outros. Quando estão com os filhos, por exemplo, os pais geralmente relatam humores positivos. O mesmo acontece com os filhos até a quinta série. A partir daí, as crianças relatam humores cada vez mais negativos quando estão com os pais (pelo menos até a oitava série, depois da qual não há dados disponíveis).

Os fortes efeitos do companheirismo na qualidade da experiência sugerem que investir energia psíquica nos relacionamentos é uma boa forma de tornar a vida melhor. Mesmo conversas passivas e superficiais no bar da esquina podem afastar a depressão. Mas, para que haja um crescimento de verdade, é preciso encontrar pessoas cujas opiniões sejam interessantes e cuja conversa seja estimulante. Uma habilidade mais difícil de aprender, mas ainda mais útil a longo prazo, é a capacidade de tolerar a solidão e até mesmo apreciá-la.

A vida cotidiana acontece em vários locais — a casa, o carro, o escritório, as ruas e os restaurantes. Além das atividades e da companhia, esses locais também afetam a qualidade da experiência. Os adolescentes, por exemplo, se sentem melhor quando estão mais distantes da supervisão de um adulto, como em um parque público. Já na escola, na igreja e em outros lugares onde seu comportamento deve estar de acordo com as expectativas alheias, sentem-se mais constrangidos. Os adultos também preferem lugares públicos, onde possam estar com amigos e se dedicar a atividades voluntárias de lazer. Isso é especialmente válido para as mulheres, para as quais estar fora de casa muitas vezes significa um descanso da labuta doméstica, enquanto, para os homens, estar em público está mais frequentemente relacionado ao trabalho e a outras responsabilidades.

Para muitas pessoas, dirigir proporciona uma sensação consistente de liberdade e controle;[6] elas chamam o carro de sua "máquina de pensar", porque enquanto dirigem podem se concentrar em seus problemas sem interrupções e resolver conflitos emocionais no casulo de seu veículo. Sempre que seus problemas pessoais se tornam muito estressantes, um metalúrgico de Chicago entra no carro depois do expediente e dirige rumo a oeste até chegar ao rio Mississippi. Então, passa algumas horas em um parque de piquenique na margem do rio, observando o correr silencioso das águas. Depois, volta para o carro, e, quando chega em casa, com o sol nascendo sobre o lago Michigan, tem uma sensação de paz. Para muitas famílias, o carro também se tornou um local de união. Em casa, pais e filhos muitas vezes estão dispersos em cômodos diferentes, fazendo coisas diferentes; mas, quando viajam de carro, conversam, cantam ou fazem brincadeiras juntos.

Diferentes cômodos da casa também possuem perfis emocionais distintos, em grande parte porque cada um serve de cenário para um tipo diferente de atividade. Os homens, por exemplo, relatam uma boa sensação quando estão no porão, ao contrário das mulheres, provavelmente porque vão até lá para relaxar ou se dedicar a seus hobbies, enquanto as esposas são mais propensas a descer ao porão para lavar roupa. As mulheres relatam alguns de seus melhores momentos em casa quando estão no banheiro, onde ficam relativamente livres das demandas da família, e na cozinha, onde estão no controle e se envolvem com o cozinhar, uma atividade relativamente agradável. (Os homens gostam muito mais de cozinhar do que as mulheres, sem dúvida porque o fazem com menos de um décimo da frequência e, portanto, podem optar por fazê-lo apenas quando querem.)

Embora muito tenha sido escrito sobre como o ambiente em que vivemos afeta a mente, na verdade existe muito pouco conhecimento sistematizado sobre o assunto.[7] Desde tempos imemoriais, artistas, estudiosos e místicos religiosos escolheram cuidadosamente o ambiente que melhor acolhia a serenidade e a inspiração. Monges budistas se estabeleceram nas nascentes do rio Ganges, sábios chineses escreviam em pavilhões em ilhas pitorescas, mosteiros cristãos foram construídos nas colinas com as melhores vistas. Nos Estados Unidos de hoje, institutos de pesquisa e laboratórios corporativos de pesquisa e desenvolvimento costumam se situar em meio a colinas ondulantes, com lagos brilhantes habitados por patos ou o oceano na linha do horizonte.

Ambientes agradáveis são muitas vezes fonte de inspiração e de criatividade, a se confiar nos relatos de pensadores e artistas. Eles muitas vezes ecoam as palavras de Franz Liszt, que escreveu no romântico lago de Como: "Sinto que os diferentes aspectos da natureza ao meu redor [...] provocam uma reação emocional no fundo da minha alma, que tentei transpor para a música". Manfred Eigen, vencedor do prêmio Nobel de Química em 1967, disse que teve alguns de seus insights mais importantes em viagens de inverno aos Alpes suíços, para onde convidava colegas do mundo todo a fim de esquiar e falar de ciência. Se lermos as biografias de físicos como Niels Bohr, Werner Heisenberg, Subramanyan Chandrasekhar e Hans Bethe, teremos a impressão de que, sem caminhadas nas montanhas e a observação do céu noturno, suas realizações científicas não teriam sido muito impressionantes.

Para que haja uma mudança criativa na qualidade da experiência, pode ser útil testar diferentes ambientes, bem como atividades e companhias. Passeios e férias ajudam a limpar a mente, mudar perspectivas, encarar uma situação com um novo olhar. Cuidar do ambiente doméstico ou do escritório — jogar fora o excesso de coisas, redecorá-lo a seu gosto, torná-lo mais íntimo e psicologicamente confortável — pode ser o primeiro passo para recolocar ordem na vida.

Com frequência ouvimos falar de como os biorritmos são importantes, e de como nos sentimos diferentes na segunda-feira em comparação com os fins de semana. Mas o fato é que a forma como cada dia é vivenciado muda consideravelmente da manhã para a noite. As primeiras horas da manhã e as últimas horas da noite são períodos carentes da maior parte das emoções positivas, que são abundantes durante as refeições e as tardes. As maiores mudanças ocorrem quando as crianças saem da escola e quando os adultos voltam para casa após o expediente. Nem todos os conteúdos da consciência caminham na mesma direção: quando saem com os amigos à noite, os adolescentes relatam uma animação crescente hora após hora, mas, ao mesmo tempo, também sentem que estão gradualmente perdendo o controle. Além dessas tendências gerais há uma série de diferenças individuais: pessoas diurnas e pessoas notívagas se relacionam com a hora do dia de maneiras opostas.

Apesar da má fama de certos dias da semana, no geral as pessoas parecem viver todos eles mais ou menos da mesma forma. É verdade, como seria de esperar, que as tardes de sexta-feira e os sábados são ligeiramente melhores do que as noites de domingo e as manhãs de segunda, mas as diferenças são menores do que se imagina. Muito disso depende de como organizamos nosso tempo: as manhãs de domingo podem ser um tanto deprimentes se não tivermos nada para fazer, mas, se estivermos na expectativa por uma atividade programada ou por um ritual familiar, como ir a um culto na igreja, esse pode ser o ponto alto da semana.

Uma descoberta interessante é que as pessoas relatam um volume significativamente maior de sintomas físicos, como dores de cabeça e nas costas, aos fins de semana e nos horários em que não estão estudando ou trabalhando.[8] Até mesmo a dor que pessoas com câncer experimentam é tolerável quando estão com amigos ou envolvidas em alguma atividade, e se torna mais incômoda quando estão sozinhas, sem nada para fazer. Aparentemente, quando a energia psíquica não está comprometida com uma tarefa definida, é mais fácil perceber o que há de errado em nossos corpos. Isso vai ao encontro do que sabemos sobre a experiência do flow: ao disputar um torneio acirrado, os jogadores de xadrez podem passar horas sem sentir fome nem dor de cabeça; atletas em uma competição podem ignorar a dor e a fadiga até que a competição termine. Quando a atenção está focada, pequenas dores não têm nenhuma chance de provocar nossa consciência.

Vale repetir que, seja em relação à hora do dia ou a outros parâmetros da vida, é importante descobrir quais ritmos são mais apropriados para você, particularmente. Não existe um dia ou uma hora melhor para todo mundo. Refletir nos ajuda a identificar nossas preferências, e testar diferentes alternativas — acordar mais cedo, tirar uma soneca à tarde, comer em diferentes horários — nos ajuda a encontrar a melhor configuração.

Em todos esses exemplos, agimos como se as pessoas fossem objetos passivos cujos estados internos são afetados por aquilo que fazem, com quem estão, onde estão e assim por diante. Embora, em parte, isso seja verdade, em última instância não são as condições externas que importam, mas sim o que fazemos delas. É perfeitamente possível ser feliz fazendo as tarefas domésticas sem ter ninguém por perto, sentir motivação no trabalho, se concentrar ao conversar com uma criança. Em outras palavras, a qualidade da vida cotidiana não depende daquilo que fazemos, mas de *como* fazemos.

De qualquer forma, antes de analisarmos como controlar ativamente a qualidade da experiência ao transformar informação em consciência, é importante refletir sobre os efeitos que o ambiente cotidiano — os lugares, as pessoas, as atividades e os horários — tem sobre nós. Mesmo o mais realizado dos místicos, desapegado de todas as influências, vai preferir se sentar à sombra de determinada árvore, comer uma determinada comida e estar na companhia de uma pessoa em vez de outra. A maioria de nós é ainda mais sensível às situações em que nos encontramos.

Assim, o primeiro passo para melhorar nossa qualidade de vida é prestar bastante atenção ao que fazemos a cada dia e perceber como nos sentimos durante diferentes atividades, lugares e horas do dia e com diferentes companhias. Embora as tendências gerais provavelmente se apliquem ao seu caso — você se sente mais feliz na hora das refeições e, na maioria das vezes, experimenta o flow quando está em lazer ativo —, também pode haver revelações surpreendentes. Pode ser que você realmente goste de ficar sozinho. Ou que goste mais de trabalhar do que imaginava. Ou que ler o faça se sentir melhor, no fim das contas, do que ver televisão. Ou vice-versa. Não há nenhuma lei que nos obrigue a experimentar a vida da mesma forma. O importante é descobrir o que funciona melhor para você.

4. O paradoxo do trabalho

O trabalho geralmente ocupa um terço do tempo que temos à disposição. É uma experiência inusitada: proporciona alguns dos nossos momentos mais intensos e satisfatórios, nos dá uma sensação de orgulho e de identidade, mas é algo que a maioria de nós gostaria de evitar. Por um lado, pesquisas recentes apontam que, nos Estados Unidos, 84% dos homens e 77% das mulheres dizem que continuariam a trabalhar mesmo que herdassem dinheiro suficiente para não precisar mais de um emprego.[1] Por outro, de acordo com vários estudos baseados no Método de Amostragem da Experiência, quando recebem o alerta durante o expediente, as pessoas concordam com o item "Eu gostaria de estar fazendo outra coisa" mais do que em qualquer outro momento do dia. Outro exemplo dessa postura contraditória é um livro no qual dois eminentes cientistas sociais alemães, usando os resultados de uma mesma pesquisa, apresentaram argumentos opostos. Um deles afirmou, entre outras coisas, que os trabalhadores alemães não gostavam do trabalho, e que aqueles que menos gostavam eram no geral mais felizes. O segundo afirmou que os trabalhadores só não gostam do trabalho porque sofrem lavagem cerebral da imprensa por motivos ideológicos, e que aqueles que gostam de trabalhar vivem uma vida mais plena. O fato é que havia evidências razoáveis para se chegar a ambas as conclusões.

Visto que o trabalho é muito importante, devido ao tempo que ocupa e à intensidade dos efeitos que produz na consciência, é essencial encarar suas ambiguidades se quisermos melhorar nossa qualidade de vida. Um primeiro passo nessa direção é fazer uma rápida revisão sobre a forma como as atividades de trabalho evoluíram ao longo da história, e sobre os valores contraditórios que lhe foram atribuídos, que ainda hoje afetam nossa postura e nossa experiência diante dele.

O trabalho como o conhecemos hoje é um desenvolvimento histórico muito recente.[2] Ele não existia antes das grandes revoluções tecnológicas que tornaram possível a agricultura intensiva, cerca de 12 mil anos atrás. Antes disso, ao longo dos milhões de anos de evolução humana, cada homem e mulher proviam para si e para seus familiares. Não havia essa história de trabalhar *para* outra pessoa; para os caçadores-coletores, o trabalho estava perfeitamente integrado aos demais aspectos da vida.

Nas civilizações ocidentais clássicas da Grécia e de Roma, os filósofos reproduziam a opinião pública sobre o trabalho, que era a de que devia ser evitado a todo custo. O ócio era considerado uma virtude. Segundo Aristóteles, somente um homem que não precisasse trabalhar poderia ser feliz. Os filósofos romanos concordavam que "o trabalho assalariado é sórdido e indigno de um homem livre, [...] o trabalho artesanal é sórdido, assim como o comércio varejista". O ideal era conquistar ou comprar terras produtivas, e então contratar uma equipe de capatazes para fiscalizar o cultivo dessas terras por escravos ou servos contratados. Na Roma Imperial, cerca de 20% da população adulta não precisava trabalhar. Por terem alcançado uma vida de indolência, eles acreditavam haver alcançado a plenitude. Nos tempos da República, havia algum fundamento nessa crença: membros da classe dominante dedicavam seu tempo a executar tarefas militares e administrativas que contribuíam para a comunidade e proporcionavam a expansão do potencial individual. Entretanto, após séculos de complacência, as classes ociosas se retiraram da vida pública e passaram a usar o tempo livre para consumir luxo e entretenimento.

O trabalho, para a maioria das pessoas, começou a mudar radicalmente na Europa há cerca de quinhentos anos. Ele deu outro salto quântico duzentos anos atrás, e continua a mudar rapidamente até hoje. Até o século XIII, quase toda a energia dedicada ao trabalho dependia da força física humana ou animal. Apenas alguns motores primitivos, como moinhos de água, ajudaram a aliviar esse fardo. Então, aos poucos, moinhos de vento com uma variedade de engrenagens começaram a assumir a tarefa de moer grãos, transportar água, abanar os fornos onde os metais eram forjados. A invenção dos motores a vapor e, mais tarde, a descoberta da eletricidade revolucionaram ainda mais a maneira como transformamos energia e obtemos nosso sustento.

Uma consequência desses avanços tecnológicos foi que o trabalho, em vez de ser visto apenas como um esforço físico que um boi ou um cavalo poderia fazer melhor, passou a ser visto como uma atividade qualificada, uma manifestação da engenhosidade e da criatividade humanas. Na época de Calvino, fazia sentido levar a sério a "ética do trabalho". E foi por isso também que, posteriormente, Karl Marx pôde reverter a avaliação clássica do trabalho, e afirmar que somente através da atividade produtiva temos como realizar nosso potencial humano. Sua posição não contradizia o espírito da afirmação oposta de Aristóteles, de que somente o lazer libertava os homens. A questão é que, no século XIX, o trabalho parecia oferecer mais opções criativas do que o ócio.

Durante as décadas de prosperidade que se seguiram à Segunda Guerra Mundial, a maioria dos empregos nos Estados Unidos pode ter sido chata e sem graça, mas no geral eles ofereciam condições decentes e uma razoável segurança. Falou-se muito sobre uma nova era em que o trabalho seria abolido, ou pelo menos transformado em tarefas de supervisão puramente executivas que exigiriam apenas algumas horas por semana para serem realizadas. Não demorou muito para verificarmos quão utópicas tinham sido essas previsões. A competição global que permitiu que as populações mal pagas da Ásia e da América do Sul competissem no mercado de trabalho está fazendo com que o trabalho volte a ter má reputação nos Estados Unidos. À medida que a rede de proteção social corre o risco de se desfazer, as pessoas, cada vez mais, têm que trabalhar em condições arbitrárias e sem muita segurança em relação ao futuro. Assim, mesmo agora, no final do século XX, a profunda ambiguidade do trabalho ainda nos assombra. Sabemos que ele é um dos elementos mais importantes de nossas vidas, mas trabalhamos com a sensação de que era melhor não trabalhar.

Como foi que essa postura conflitante em relação ao trabalho se consolidou dentro de nós? E como os jovens hoje em dia aprendem as habilidades e a disciplina necessárias para executar um trabalho produtivo adulto? Essas perguntas não são nem um pouco banais. A cada geração, o trabalho se torna algo cada vez mais difuso, e fica mais difícil para os jovens saber que empregos terão à disposição quando crescerem, e aprender a se preparar para eles.

No passado, e em certa medida até hoje, nas sociedades de caçadores ou de pescadores no Alasca ou na Melanésia, podemos ver qual era o padrão em qualquer lugar do mundo: crianças desde cedo participavam do trabalho dos pais e, pouco a pouco, se viam agindo como adultos produtivos sem perder o ritmo ao longo do caminho. Um menino inuíte ganhava um arco de brinquedo aos dois anos de idade e imediatamente começava a praticar. Aos quatro anos, esperava-se que soubesse matar um tetraz; aos seis, um coelho; e mais tarde um caribu e uma foca. Sua irmã passava por uma progressão semelhante, ajudando as mulheres de seu grupo de parentesco a curar peles, cozinhar, costurar e cuidar das crianças mais novas. Não havia nenhuma dúvida sobre o que se deveria fazer quando crescesse — não havia opções, mas apenas um único caminho para a vida adulta produtiva.

Quando a revolução agrícola possibilitou o surgimento das cidades, há cerca de 10 mil anos, começaram a surgir empregos especializados e abriu-se um leque de escolhas para os jovens. Ainda assim, a maioria acabou por fazer o mesmo que os pais faziam, o que até alguns séculos atrás era principalmente se dedicar à agricultura. Foi somente nos séculos XVI e XVII que um grande número de jovens começou a se mudar do campo para as cidades, a fim de tentar a sorte na florescente economia urbana. Segundo estimativas, em algumas partes da Europa, 80% das meninas de doze anos deixavam os pais agricultores para trás, enquanto os meninos faziam a mesma coisa em média dois anos mais tarde. A maioria dos empregos que os esperava em Londres ou Paris estava no que hoje seria chamado setor de serviços: faxineiras, cocheiros, mensageiros ou lavadeiras.

A situação é muito diferente hoje. Em um estudo recente, perguntamos a alguns milhares de adolescentes norte-americanos que empregos eles esperavam ter quando crescessem. Os resultados são apresentados na tabela 3. O que ela nos mostra é que os adolescentes têm expectativas extremamente irreais quanto à vida profissional: 15% esperam se tornar médicos ou advogados, o que representa um número quase quinze vezes maior do que a proporção real de médicos e advogados na força de trabalho, de acordo com o censo de 1990. A maioria dos 244 adolescentes que esperam se tornar atletas profissionais também vão ficar desapontados, pois superestimam suas chances em cerca de quinhentas vezes. Crianças de grupos minoritários que vivem nos centros urbanos anseiam por carreiras profissionais na mesma proporção que as crianças ricas dos subúrbios, embora a taxa de desemprego entre os jovens afro-americanos em algumas cidades seja próxima dos 50%.

Em parte, a falta de realismo em relação às futuras opções de carreira se deve à natureza sempre cambiante do mercado de trabalho, mas também ao fato de muitos jovens carecerem de oportunidades de emprego significativas e de adultos que sirvam de modelo profissional. Ao contrário do que se poderia esperar, é mais comum que adolescentes abastados trabalhem durante o ensino médio do que os alunos mais pobres, por mais que não precisem. E a exposição a tarefas produtivas em casa, na vizinhança e na comunidade é muito maior entre crianças que crescem em ambientes ricos e estáveis. Nesses ambientes, é de fato possível encontrar jovens de quinze anos que planejam se tornar arquitetos e que aprenderam a desenhar no escritório de arquitetura de um parente, ou ajudaram a projetar um anexo para a casa de um vizinho, ou estagiaram em uma empreiteira da região — embora, no geral, oportunidades assim sejam pouco comuns. Em uma escola de ensino médio localizada em uma área pobre de um centro urbano, o conselheiro de carreira informal mais popular era um vigia que ajudava os rapazes mais espertos a encontrar emprego nas gangues e encaminhava as meninas mais bonitas para supostos trabalhos como modelo.

De acordo com os resultados do MAE, parece que os jovens percebem desde cedo a ambivalência dos mais velhos em relação ao trabalho. Aos dez ou onze anos, eles internalizaram o padrão típico da sociedade em geral. Quando questionados se o que estão fazendo se parece mais com "trabalho" ou "diversão" (ou "ambos", ou "nenhum"), os alunos da sexta série quase invariavelmente dizem que as aulas na escola se assemelham mais a trabalho, e a prática de esportes, a diversão. O interessante é que, sempre que estão fazendo algo que rotulam como trabalho, os adolescentes costumam dizer que o que fazem é importante para o futuro, exige alto grau de concentração e proporciona um aumento na autoestima. No entanto, eles também se sentem menos felizes e motivados do que a média quando o que estão fazendo se assemelha a trabalho. Por outro lado, quando estão fazendo algo que rotulam como diversão, consideram a atividade pouco importante e dizem que exige pouca concentração, mas estão felizes e motivados. Em outras palavras, a divisão entre o trabalho necessário, mas desagradável, e a diversão agradável, mas inútil, já está bem estabelecida no final da infância. E fica cada vez mais acentuada à medida que os adolescentes percorrem o ensino médio.

TABELA 3[3]
QUE PROFISSÕES ESPERAM TER OS JOVENS NORTE-AMERICANOS?
As dez profissões mais citadas em pesquisas sobre expectativas de futuro, com base em entrevistas com 3891 adolescentes norte-americanos.

PROFISSÃO	POSIÇÃO	% DA AMOSTRA
Médico	1	10
Executivo	2	7
Advogado	3	7
Professor	4	7
Atleta	5	6
Engenheiro	6	5
Enfermeiro	7	4
Contador	8	3
Psicólogo	9	3
Arquiteto	10	3
Outras	–	45

FONTE: Adaptado de Bidwell, Csikszentmihalyi, Hedges e Schneider (1997).

Quando os mesmos adolescentes por fim começam a trabalhar, relatam exatamente o mesmo padrão de experiência no ambiente de trabalho. Nos Estados Unidos, quase nove em cada dez adolescentes trabalham em algum momento do ensino médio, uma proporção muito maior do que em outros países tecnologicamente avançados, como a Alemanha ou o Japão, onde há menos oportunidades de trabalho de meio período — e onde os pais preferem que os filhos passem o máximo de tempo possível estudando, em vez de se distraindo com trabalhos irrelevantes para suas futuras carreiras. Em nosso estudo, 57% dos alunos do primeiro ano do ensino médio e 86% dos alunos do terceiro ano tiveram empregos remunerados, geralmente em redes de fast-food, ou como balconistas, vendedores ou babás. Quando recebem o alerta do MAE durante o expediente, os adolescentes relatam uma autoestima bastante elevada. Enxergam o que fazem como algo importante, que exige grande concentração. Mas se sentem menos felizes do que o normal (embora não tão infelizes quanto na escola), e não se divertem. Em outras palavras, o padrão de ambivalência é estabelecido já nos primeiros passos de suas vidas profissionais.

Mas o trabalho está longe de ser a pior experiência dos adolescentes. A pior condição que eles relatam é quando o que fazem não é visto nem como trabalho nem como diversão. Quando isso acontece — geralmente em atividades de manutenção, lazer passivo ou socialização —, a autoestima é mais baixa, o que eles fazem parece não ter relevância, e a felicidade e a motivação também ficam abaixo da média. No entanto, para os adolescentes, atividades que não constituem "nem trabalho nem diversão" ocupam 35% do dia, em média. Alguns, sobretudo aqueles cujos pais possuem baixo grau de escolaridade, têm a sensação de que metade ou mais da metade das coisas que fazem são parte dessa categoria. Uma pessoa que cresce com a sensação de que a maior parte do seu dia não é nem importante nem agradável dificilmente vai encontrar muito sentido no futuro.

A postura estabelecida nos primeiros anos continua a influenciar a forma como vivenciamos o trabalho pelo resto de nossas vidas. No trabalho, as pessoas tendem a usar a mente e o corpo ao máximo e, consequentemente, têm a sensação de que o que fazem é relevante e experimentam um bem-estar em relação a si mesmas. No entanto, sua motivação é mais baixa do que quando estão em casa, assim como a qualidade de seu humor. Apesar das enormes diferenças de salário, prestígio e liberdade, gerentes tendem a se sentir apenas um pouco mais criativos e ativos no trabalho, enquanto os funcionários administrativos e da linha de montagem não se mostram nem mais infelizes nem insatisfeitos.

Homens e mulheres, no entanto, tendem a experimentar o trabalho fora de casa de maneiras distintas. Tradicionalmente, a identidade e a dignidade dos homens se baseiam em sua capacidade de obter energia do meio ambiente para uso próprio e da família. Quer a satisfação obtida por um homem ao realizar um trabalho necessário faça parte de sua programação genética ou seja inteiramente aprendida com a cultura, o fato é que, mais ou menos em todos os lugares, um homem que não atua como provedor é em certa medida um fracassado. Por outro lado, a autoestima das mulheres tem sido tradicionalmente pautada pela capacidade de proporcionar um ambiente físico e emocional adequado para a criação dos filhos e o conforto dos adultos.[4] Por mais esclarecidos que sejamos hoje e por mais que tenhamos tentado evitar esses estereótipos de gênero, eles estão longe de desaparecer.

Em consequência disso, e principalmente em comparação ao trabalho que precisam realizar em casa, as mulheres costumam vivenciar seus empregos de forma mais positiva do que os homens. Por exemplo, em um estudo com base no Método de Amostragem da Experiência realizado com casais em que ambos os parceiros trabalhavam, Reed Larson constatou que as mulheres relataram emoções relativamente mais positivas do que os homens ao realizar trabalhos administrativos, informáticos e comerciais, ir a reuniões, falar ao telefone, ler material relacionado ao trabalho e assim por diante. A única atividade relacionada ao trabalho que as mulheres vivenciavam menos positivamente do que os homens era quando estavam em casa trabalhando em projetos do escritório, sem dúvida porque nessas situações se sentiam responsáveis também pelas tarefas domésticas, além das profissionais.

O duplo risco que uma família e uma carreira impõem pode ser um fardo para a autoestima feminina. Em um estudo com mães de crianças pequenas que trabalhavam em período integral, meio período ou apenas algumas horas por semana, Anne Wells descobriu que os níveis mais altos de autoestima eram relatados por mulheres que trabalhavam menos, e os mais baixos por aquelas que trabalhavam mais, apesar de todas gostarem mais de trabalhar fora, ganhando um salário, do que dentro de casa, lidando com os afazeres domésticos. Mais uma vez, essa descoberta aponta o significado ambíguo da autoestima. Mulheres com família que têm empregos em tempo integral podem apresentar baixa autoestima não porque estão concretizando menos coisas, mas porque esperam mais de si mesmas do que podem fazer.

Essas questões ressaltam como é arbitrária a divisão entre o trabalho remunerado e o trabalho doméstico que tradicionalmente sempre se esperou que as mulheres fizessem pela família. Como apontaram Elise Boulding e outros economistas sociais, o trabalho de manutenção pode não ser produtivo, mas, se tivesse que ser pago como um serviço, a conta chegaria a um valor próximo ao PIB. O custo de criar filhos, cuidar de doentes, cozinhar, limpar e assim por diante, à taxa de mercado, duplicaria a folha de pagamento nacional e talvez nos obrigasse a adotar uma economia mais humanizada. Enquanto isso, por mais que possa elevar a autoestima de uma mulher casada, a execução do trabalho doméstico não contribui muito para o seu bem-estar emocional. Cozinhar, fazer compras, dirigir e cuidar dos filhos são atividades que suscitam apenas emoções medianas. Mas limpar a casa, a cozinha, lavar roupa, manter as coisas em ordem e administrar as despesas costumam estar entre as experiências mais negativas no dia de uma mulher.

O trabalho tem sérias desvantagens, mas sua ausência é pior. Os filósofos antigos tinham muito a dizer a favor do ócio, mas o que eles tinham em mente era o ócio de um proprietário de terras com muitos servos e escravos. Quando o ócio é imposto a alguém que não possui uma boa renda, isso só produz uma grave queda na autoestima e uma apatia generalizada. Como mostrou o psicólogo John Hayworth, da Universidade de Manchester, jovens desempregados, mesmo quando recebem um subsídio relativamente generoso, têm muita dificuldade em encontrar satisfação na vida.[5] Em uma compilação de estudos envolvendo 170 mil trabalhadores em dezesseis países, Ronald Ingelhart descobriu que 83% dos trabalhadores administrativos e 77% dos trabalhadores braçais afirmavam estar satisfeitos com a vida, em contraste com apenas 61% dos desempregados. A sugestão da Bíblia de que o ser humano foi feito para desfrutar a generosidade da criação sem ter que trabalhar para isso não parece estar de acordo com os fatos. Sem as metas e os desafios normalmente oferecidos por um emprego, somente uma rara autodisciplina é capaz de manter a mente concentrada com intensidade suficiente para proporcionar uma vida significativa.

Quando descobrimos, em nossos estudos com o MAE, que é mais fácil para os adultos encontrar o flow no trabalho do que em seu tempo livre, a princípio ficamos bastante surpresos. Os momentos em que uma pessoa se encontra diante de situações desafiadoras, que exigem grande habilidade e são acompanhadas por sentimentos de concentração, criatividade e satisfação, foram relatados com mais frequência no trabalho do que em casa. Após uma reflexão mais aprofundada, no entanto, nossa surpresa inicial se desfez. O que muitas vezes passa despercebido é que o trabalho é muito mais parecido com um jogo do que a maior parte das outras coisas que fazemos durante o dia. Ele costuma ter metas claras e regras, e oferece feedback, de modo que é possível saber se foi bem-feito: por exemplo, através da avaliação de um supervisor ou em termos de vendas mensuráveis. Um trabalho geralmente estimula a concentração e evita distrações; ele também permite um grau variável de controle, e, pelo menos em tese, suas dificuldades têm correlação direta com as habilidades do trabalhador. Assim, tende a ter a estrutura de outras atividades intrinsecamente gratificantes que proporcionam experiências de flow, como jogos, esportes, música e arte. Em comparação, grande parte do resto da vida carece desses elementos. Ao passar o tempo em casa com a família ou sozinhas, as pessoas muitas vezes não têm um propósito claro, não sabem como estão se saindo, acabam por se distrair, têm a sensação de que suas habilidades estão sendo subutilizadas, e, em consequência disso, ficam entediadas ou, mais raramente, ansiosas.

Portanto, não surpreende que a qualidade da experiência no trabalho seja geralmente mais positiva do que se poderia imaginar. No entanto, se tivéssemos a oportunidade, gostaríamos de trabalhar menos. Por quê? Parece haver duas razões principais para isso. A primeira se baseia nas condições objetivas de trabalho. É verdade que, desde tempos imemoriais, aqueles que pagavam salários a seus funcionários não estavam particularmente preocupados com o bem-estar dos mesmos. São necessários recursos internos extraordinários para alcançar o flow enquanto se está escavando a quilômetros de profundidade em uma mina na África do Sul ou cortando cana-de-açúcar em uma fazenda sob um sol escaldante. Mesmo hoje, quando vivemos em sociedades mais esclarecidas, e apesar de toda a ênfase posta nos "recursos humanos", os empresários muitas vezes não têm nenhum interesse em saber como os funcionários vivenciam o trabalho. Logo, não surpreende que muitos trabalhadores acreditem não poder contar com o trabalho como fonte das recompensas intrínsecas de suas vidas, e que precisem esperar até o fim do expediente na fábrica ou no escritório para começar a se divertir — por mais que isso não seja verdade.

A segunda razão é complementar à primeira, mas se baseia menos na realidade contemporânea e mais no descrédito histórico do trabalho que é transmitido pela cultura e apreendido por cada um de nós à medida que crescemos. É inquestionável que, durante a Revolução Industrial, dois séculos e meio atrás, os operários das fábricas tinham que trabalhar em condições desumanas. O tempo livre era tão raro que se tornou um dos bens mais preciosos. Os trabalhadores presumiam que, se tivessem mais tempo livre, seriam automaticamente mais felizes. Os sindicatos lutaram heroicamente para encurtar a semana de trabalho, e seu êxito é uma das maiores conquistas da história da humanidade. Infelizmente, por mais que seja uma condição necessária para a felicidade, o tempo livre por si só não basta para garanti-la. Aprender a usá-lo de forma benéfica acaba sendo mais difícil do que o esperado. Tampouco parece que uma maior quantidade de algo bom seja necessariamente melhor; como acontece com tantas outras coisas, o que enriquece a vida em pequenas quantidades pode empobrecê-la em doses maiores. Foi por isso que, em meados do século XX, psiquiatras e sociólogos começaram a alertar para o fato de que o tempo livre em excesso arriscava se tornar um desastre social.

Ambas as razões — os ambientes de trabalho objetivos e as atitudes subjetivas que aprendemos em relação a eles — conspiram para dificultar que muitas pessoas admitam, ainda que para si mesmas, que o trabalho pode ser agradável. No entanto, quando a questão é abordada sem muitos preconceitos culturais e com a determinação de moldar o ambiente profissional de modo a torná-lo significativo em termos pessoais, mesmo o trabalho mais mundano pode proporcionar uma melhoria — em vez de uma redução — na qualidade de vida.

É claro, porém, que as recompensas intrínsecas do trabalho são mais facilmente observadas nas profissões altamente individualizadas, onde uma pessoa é livre para estabelecer suas metas e definir a dificuldade da tarefa. Artistas, empresários, estadistas e cientistas altamente produtivos e criativos tendem a vivenciar o trabalho da mesma forma como os nossos ancestrais caçadores o vivenciavam — como algo completamente integrado ao resto da vida. Um dos tropos mais comuns nas quase cem entrevistas que realizei com vencedores do prêmio Nobel e outros líderes criativos em diferentes campos foi: "Posso dizer que trabalhei cada minuto da minha vida, ou com igual justiça que nunca trabalhei um único dia". O historiador John Hope Franklin expressou esse amálgama de trabalho e lazer de forma mais concisa quando disse: "Sempre gostei da expressão 'Graças a Deus é sexta-feira', porque para mim sexta-feira significa que posso trabalhar pelos dois dias seguintes sem interrupções".

Para esses indivíduos, o flow é parte constante da atividade profissional. Por mais que operar nos limites do conhecimento obrigatoriamente envolva muitas dificuldades e turbulências internas, a alegria de estender o alcance da mente a novos territórios é a característica mais marcante de suas vidas, mesmo depois da idade em que a maioria das pessoas normalmente fica feliz em se aposentar. O inventor Jacob Rabinow, com mais de duzentas patentes em seu nome, descreve seu trabalho aos 83 anos: "Você tem que estar disposto a correr atrás das ideias porque tem vontade [...]. Pessoas como eu gostam de fazer isso. É divertido ter uma ideia, e, se ninguém se interessar por ela, não estou nem aí. É divertido inventar algo estranho e diferente".

Ed Asner, famoso pelo papel de Lou Grant na série de televisão *The Mary Tyler Moore Show*, continuava a buscar novos desafios para suas habilidades de atuação aos 63 anos: "Tenho sede de [...] transbordar, anseio pela busca". Linus Pauling, vencedor por duas vezes do prêmio Nobel, quando entrevistado aos 89 anos, disse: "Acho que nunca parei e me perguntei: E agora, o que vou fazer da vida? Apenas segui em frente, fazendo o que eu gostava de fazer". O renomado psicólogo Donald Campbell deu um conselho a jovens acadêmicos: "Não façam ciência se estiverem interessados em dinheiro. Não façam ciência se forem deixar de gostar dela caso não fiquem famosos. Aceitem a fama graciosamente caso a conquistem, mas certifiquem-se de escolher uma carreira da qual possam desfrutar". E Mark Strand, o premiado poeta norte-americano, descreve bem o flow na busca por sua vocação:

> Você está mergulhado no trabalho, perde a noção do tempo, está completamente em êxtase, completamente preso ao que está fazendo [...]. Quando está trabalhando em alguma coisa e fazendo isso bem, tem a sensação de que não existe nenhuma outra forma de dizer o que está dizendo.

É claro que pessoas como essas são muito afortunadas por terem alcançado o topo de profissões glamorosas. Mas também seria fácil encontrar um grande número de pessoas famosas e bem-sucedidas que odeiam sua atividade profissional, ao passo que podemos encontrar executivos, encanadores, fazendeiros e até operários de linha de montagem que amam o que fazem e descreveriam seu trabalho em termos líricos. Não são as condições externas que determinam em que medida o trabalho contribui para que uma pessoa alcance uma vida plena, e sim a forma como se trabalha e as experiências que se pode obter ao enfrentar os desafios que o trabalho apresenta.

Por mais satisfatório que seja, o trabalho por si só não pode tornar uma vida completa. A maioria dos indivíduos criativos que entrevistamos afirmaram dar mais valor à família do que à carreira — embora seus hábitos reais muitas vezes desmentissem esses sentimentos. Casamentos estáveis e emocionalmente recompensadores eram a norma entre eles. Quando perguntados de quais realizações na vida mais se orgulhavam, uma das respostas mais típicas ecoava a do físico Freeman Dyson: "Imagino que seja apenas o fato de ter sustentado seis filhos e tê-los criado até que se tornassem, a meu ver, pessoas interessantes. Acho que é disso que eu mais me orgulho, no fundo". John Reed, CEO do Citicorp, afirmou que o melhor investimento que fez na vida foi o ano em que se afastou de sua carreira de sucesso para passar um tempo com os filhos enquanto eles cresciam: "Criar filhos é muito mais gratificante do que ganhar dinheiro para uma empresa, em termos de sentimento de satisfação". E a maioria desses indivíduos preenche todo seu tempo livre com atividades de lazer interessantes, desde tocar em concertos públicos a colecionar cartas náuticas raras, desde cozinhar e escrever livros de culinária a se voluntariar para dar aulas em países subdesenvolvidos.

Portanto, o amor e a dedicação a uma vocação não precisam ter as conotações negativas do *workaholism*. Esse termo poderia ser legitimamente aplicado a alguém que se encontra tão imerso no trabalho a ponto de abandonar todas as suas outras metas e responsabilidades. Um *workaholic* corre o risco de enxergar apenas os desafios relacionados ao próprio trabalho e só aprender as habilidades relacionadas a ele; é incapaz de experimentar o flow em qualquer outra atividade. Uma pessoa assim desperdiça grande parte das oportunidades que contribuem para a plenitude da vida, e muitas vezes chega ao fim da vida infeliz, quando, depois de um vício exaustivo em trabalhar, fica sem ter o que fazer. Por sorte, existem muitos exemplos de pessoas que, apesar de extremamente dedicadas ao trabalho, têm vidas mais multifacetadas.

5. Os riscos e as oportunidades do lazer

Pode parecer um pouco ridículo dizer que um dos problemas que enfrentamos a esta altura é ainda não termos aprendido a aproveitar o tempo livre de maneira sensata. No entanto, essa é uma preocupação que já foi expressa muitas vezes desde meados do século XX. Em 1958, o Group for the Advancement of Psychiatry concluiu seu relatório anual com a afirmação: "Para muitos norte-americanos, o lazer é perigoso".[1] Outros afirmaram que o sucesso dos Estados Unidos como civilização vai depender da forma como usamos nosso tempo livre. O que poderia justificar advertências tão graves? Antes de responder a essa pergunta sobre os efeitos do lazer na sociedade, entretanto, é válido fazer uma reflexão sobre como o indivíduo comum é afetado pelo lazer. Os efeitos históricos, nesse caso, são a soma de experiências particulares; logo, entendê-las primeiro é de grande valia.

Por uma série de razões já debatidas, passamos a supor que ter tempo livre é uma das metas mais desejáveis a que podemos aspirar. Enquanto o trabalho é visto como um mal necessário, poder relaxar e não ter nada para fazer parece, para a maioria das pessoas, o caminho indiscutível para a felicidade. O senso comum é de que não é preciso aprender nenhuma habilidade para aproveitar o tempo livre, e que qualquer um pode fazê-lo. No entanto, as evidências sugerem o contrário: é mais difícil aproveitar o tempo livre do que o trabalho. Ter tempo livre à disposição não melhora a qualidade de vida de ninguém, a menos que se saiba usá-lo de forma eficaz, e isso não é algo que se aprende automaticamente.

Na virada do século XIX para o XX, o psicanalista Sándor Ferenczi já apontava que, aos domingos, seus pacientes tinham crises de histeria e depressão com mais frequência do que durante o resto da semana; ele chamou essa síndrome de "neurose dominical".[2] Desde então, tem sido observado que feriados e férias são períodos de aumento da perturbação psicológica. Para pessoas que se identificaram com seu trabalho durante toda a vida, a aposentadoria costuma ser uma transição para a depressão crônica. Em nossos estudos com o Método de Amostragem da Experiência, descobrimos que até a saúde física é melhor quando uma pessoa se concentra em uma meta. Aos finais de semana, quando estão sozinhas e sem nada para fazer, as pessoas relatam mais sintomas de doenças.

Todas essas evidências apontam para o fato de que o indivíduo médio é mal preparado para ficar ocioso. Sem metas nem companhia com quem interagir, a maioria das pessoas começa a perder a motivação e a concentração. A mente passa a divagar e, na maioria das vezes, se concentra em problemas insolúveis que geram ansiedade. Para evitar essa condição indesejável, a pessoa recorre a estratégias a fim de afastar o pior da entropia psíquica. Sem necessariamente estar ciente disso, ela buscará estímulos que filtrem da consciência as fontes de ansiedade: pode ser ver televisão ou ler narrativas previsíveis, como livros românticos ou de mistério, ou envolver-se obsessivamente com apostas ou promiscuidade sexual, ou fazer uso abusivo de álcool ou drogas. Essas são formas rápidas de reduzir o caos na consciência a curto prazo, mas o único resíduo que costumam deixar para trás é um sentimento de insatisfação apática.

Ao que parece, nosso sistema nervoso evoluiu para prestar atenção aos sinais externos, mas não teve tempo de se adaptar a longos períodos de ausência de obstáculos e perigos. Poucas pessoas aprendem a estruturar sua energia psíquica de forma autônoma, de dentro para fora. Nas sociedades bem-sucedidas onde os adultos tinham tempo livre, foram desenvolvidas práticas culturais elaboradas para manter a mente ocupada. Elas incluíam ciclos complexos de cerimônias, danças e competições que chegavam a durar dias e semanas a fio — como os Jogos Olímpicos, que tiveram início no despertar da história da Europa. Ainda que carecesse de atividades religiosas ou estéticas, cada aldeia oferecia infinitas oportunidades para fofocas e discussões; debaixo da maior árvore da praça, homens desocupados se sentavam para fumar cachimbo ou mastigar folhas e frutos ligeiramente alucinógenos, e mantinham a mente organizada por meio de conversas previsíveis. Até hoje esse é o padrão seguido pelos homens ociosos nas cafeterias do Mediterrâneo ou nas cervejarias do norte da Europa.

Esses métodos para evitar o caos na consciência funcionam até certo ponto, mas raramente contribuem para uma qualidade positiva da experiência. Como vimos, os seres humanos se sentem melhor no flow, quando estão totalmente envolvidos em um desafio, na solução de um problema, na descoberta de algo novo. A maioria das atividades que produzem flow também tem objetivos e regras claros, além de feedback imediato — um conjunto de demandas externas que concentra nossa atenção e requer nossas habilidades. Essas são justamente as condições que mais costumam estar ausentes no tempo livre. É claro que, se alguém usa o lazer para praticar um esporte, uma expressão artística ou um hobby, os requisitos para o flow estarão presentes. Mas apenas o tempo livre, sem nada específico para capturar a atenção, fornece o oposto do flow: a entropia psíquica, na qual a pessoa se sente letárgica e apática.

Nem todas as atividades de tempo livre são iguais. Uma distinção importante a ser feita é entre o lazer ativo e o lazer passivo, que têm efeitos psicológicos bem diferentes. Por exemplo, os adolescentes norte-americanos experimentam o flow (descrito como momentos de alto grau de desafio e grande exigência de habilidade) em cerca de 13% do tempo em que estão vendo televisão, 34% do tempo em que se dedicam a hobbies e 44% do tempo em que estão envolvidos em esportes e jogos (ver tabela 4). Isso sugere que os hobbies são cerca de duas vezes e meia mais propensos a produzir um estado de prazer elevado do que a tevê, e jogos e esportes ativos cerca de três vezes mais. No entanto, esses mesmos adolescentes gastam pelo menos quatro vezes mais tempo vendo televisão do que se dedicando a hobbies ou esportes. Proporções semelhantes também são observadas entre os adultos. Por que gastamos quatro vezes mais tempo fazendo algo que tem menos da metade da probabilidade de nos proporcionar bem-estar?

Quando fazemos essa pergunta aos participantes de nossos estudos, começa a aparecer uma explicação consistente. O adolescente típico admite que andar de bicicleta, jogar basquete ou tocar piano são atividades mais agradáveis do que passear no shopping ou ver televisão. Mas, segundo eles, organizar uma partida de basquete leva tempo — é preciso trocar de roupa, tomar providências. A cada vez que uma pessoa se senta ao piano, demora pelo menos uma meia hora de prática, muitas vezes maçante, até que a coisa comece a ficar divertida. Em outras palavras, cada uma das atividades produtoras de flow requer um investimento inicial de atenção antes de começar a se mostrar agradável. É preciso uma reserva de "energia de ativação" para desfrutar de atividades complexas. Se uma pessoa está muito cansada, ansiosa ou carece de disciplina para superar esse obstáculo inicial, ela terá que se contentar com algo que, embora menos agradável, é mais acessível.

TABELA 4
QUANTO FLOW EXISTE NO LAZER?

Percentual de tempo em que cada atividade proporciona flow, relaxamento, apatia e ansiedade. Os resultados foram tirados de um estudo envolvendo 824 adolescentes norte-americanos, englobando mais de 27 mil respostas. Os termos são definidos da seguinte forma: flow: alto grau de desafio, grande exigência de habilidade; relaxamento: baixo grau de desafio, grande exigência de habilidade; apatia: baixo grau de desafio, pouca exigência de habilidade; ansiedade: alto grau de desafio, pouca exigência de habilidade.

	FLOW	RELAXAMENTO	APATIA	ANSIEDADE
Jogos e esportes	44	16	16	24
Hobbies	34	30	18	19
Socializar	20	39	30	12
Pensar	19	31	35	15
Ouvir música	15	43	35	7
Ver televisão	13	43	38	6

FONTE: Bidwell, Csikszentmihalyi, Hedges e Schneider (1997).

É aqui que entram as atividades de "lazer passivo". Sair com os amigos, ler um livro fácil ou ligar a televisão são atividades que não exigem muito em termos de gasto inicial de energia. Não requerem habilidade nem concentração. Assim, o consumo de lazer passivo se torna muitas vezes a opção preferida não só dos adolescentes, mas também dos adultos.

Na tabela 4, podemos ver uma comparação dos principais tipos de atividades de lazer em termos da frequência com que fornecem flow em uma amostragem transversal de adolescentes norte-americanos. Vemos que jogos e esportes, hobbies e socialização — as três atividades ativas e/ou sociais — proporcionam mais experiências de flow do que as três atividades mais solitárias e menos estruturadas, como ouvir música, pensar e ver televisão. Ao mesmo tempo, as atividades que produzem flow, por serem mais exigentes e mais difíceis, também provocam quadros ocasionais de ansiedade. As três atividades de lazer passivo, por outro lado, raramente causam ansiedade: sua contribuição é sobretudo proporcionar relaxamento e apatia. Se você preenche seu tempo de lazer com lazer passivo, não vai encontrar muito prazer, mas também evitará mergulhar em problemas. Ao que parece, esta é uma permuta que muita gente considera válida.

Não é que relaxar seja ruim. Todo mundo precisa de tempo para relaxar, ler livros banais, ficar sentado no sofá olhando para o espaço ou vendo um programa na televisão. Tal como acontece com os outros ingredientes da vida, o importante é a dosagem. O lazer passivo se torna um problema quando uma pessoa o utiliza como a principal — ou única — estratégia para preencher o tempo livre. À medida que se transformam em hábitos, esses padrões começam a ter efeitos determinantes na qualidade de vida como um todo. Aqueles que passam a contar com os jogos de azar para passar o tempo, por exemplo, podem se ver presos a um hábito que interfere no trabalho, na família e, por fim, em seu próprio bem-estar. Pessoas que veem televisão com mais frequência do que a média também tendem a ter empregos e relacionamentos de pior qualidade. Em um estudo em larga escala feito na Alemanha, descobriu-se que quanto maior o volume de leitura relatado pelas pessoas, mais experiências de flow elas afirmavam ter, enquanto a tendência oposta foi observada entre os que viam televisão. O maior grau de flow foi relatado por indivíduos que liam muito e dedicavam pouco tempo à tevê, e o menor por aqueles que liam pouco e viam televisão com frequência.[3]

É claro que tais correlações não significam necessariamente que hábitos de lazer passivo conduzem a empregos ruins, relacionamentos ruins e assim por diante. É provável que as relações causais comecem do outro lado: pessoas solitárias, com empregos insatisfatórios, preenchem seu tempo livre com lazer passivo; ou aquelas que não conseguem encontrar o flow de nenhuma outra forma recorrem a atividades de lazer pouco exigentes. No desenvolvimento humano, porém, a relação costuma ser circular: o que no começo era um efeito acaba por se tornar uma causa. Um pai abusivo pode forçar o filho a adotar uma defesa baseada na agressão reprimida; à medida que a criança cresce, é esse estilo de defesa, e não o trauma inicial, que aumenta as chances de que se torne um pai ou mãe abusivo. Assim, a adoção de hábitos de lazer passivo não é apenas um efeito de problemas anteriores, mas se torna uma causa por si só, sufocando as alternativas para a melhoria da qualidade de vida.

A expressão "pão e circo" se tornou um lugar-comum para descrever como o Império Romano conseguiu manter a população contente durante os longos séculos de seu declínio. Ao fornecer comida suficiente para manter os corpos satisfeitos, e espetáculos suficientes para manter as mentes entretidas, as classes dominantes conseguiram evitar a agitação social. É pouco provável que essa política tenha sido adotada de modo consciente, mas sua aplicação parece ter dado resultado em toda parte. Não foi a primeira nem a última vez que oferecer oportunidades de lazer impediu que uma comunidade se desintegrasse. Em sua *História*, livro no qual discorre sobre as guerras persas, o primeiro historiador do Ocidente, o grego Heródoto, descreve como Átis, rei da Lídia, na Ásia Menor, introduziu os jogos de bola, cerca de 3 mil anos atrás, como forma de distrair seus súditos quando uma série de colheitas ruins provocou distúrbios na população faminta.[4] "O plano adotado contra a fome era participar dos jogos com tanta dedicação durante um dia de modo que não se sentisse desejo algum por comida", escreveu ele, "e no dia seguinte comer e abster-se dos jogos. Assim se passaram dezoito anos."

Um padrão semelhante se desenvolveu em Constantinopla durante o declínio do Império Bizantino. Para manter os cidadãos felizes, eram realizadas grandes corridas de bigas na cidade. Os melhores pilotos ficavam ricos e famosos e eram automaticamente eleitos para o Senado. Na América Central, antes da conquista espanhola, os maias inventaram jogos elaborados semelhantes ao basquete, que mantinham os espectadores ocupados por semanas a fio. Em nossos tempos, minorias desprivilegiadas dependem do esporte e do entretenimento como atalhos para a mobilidade social — o basquete, o beisebol, o boxe e a música popular absorvem energia psíquica excedente ao mesmo tempo que prometem riqueza e fama. A depender da perspectiva de cada um, isso pode ser interpretado de duas formas bem diferentes. Podemos ver nesses casos o lazer sendo usado como o "ópio do povo", para parafrasear o dito de Marx sobre a religião. Ou podemos enxergá-lo como uma resposta criativa a situações arriscadas e impermeáveis a soluções mais eficazes.

A história parece apontar que uma sociedade começa a depender em larga escala do lazer — especialmente do lazer passivo — somente quando se torna incapaz de oferecer ocupação produtiva significativa a seus membros.[5] Assim, o estratagema do "pão e circo" é um último recurso que evita apenas temporariamente a dissolução de uma sociedade. Exemplos contemporâneos oferecem alguns insights sobre o que acontece em tais casos. Muitos povos indígenas na América do Norte, por exemplo, perderam a oportunidade de experimentar o flow no trabalho e na vida comunitária e procuram recuperá-lo em atividades de lazer que simulam o estilo de vida agradável que tinham antes. Os jovens navajos costumavam se sentir bem quando cavalgavam atrás de suas ovelhas pelos planaltos do sudoeste, ou quando participavam de uma semana de rituais de canto e dança. Agora que essas experiências são menos relevantes, eles tentam recuperar o flow consumindo álcool e dirigindo em alta velocidade pelas estradas do deserto em carros turbinados. O número de mortes no trânsito pode não ser maior do que o sofrido anteriormente em guerras tribais ou durante o pastoreio, mas parece ter menos sentido.

Os inuítes estão passando por uma perigosa transição muito parecida. Os jovens que não podem mais experimentar a emoção de caçar focas e ursos recorrem aos automóveis como uma ferramenta para escapar do tédio e se concentrar em uma meta objetiva. Aparentemente, existem comunidades no Ártico que carecem de estradas que as liguem a qualquer outra localidade, mas onde foram construídos quilômetros de pistas exclusivamente para a realização de provas de arrancada. Na Arábia Saudita, jovens mimados descendentes dos magnatas do petróleo consideram ultrapassado andar de camelo, e tentam reavivar seu entusiasmo pilotando Cadillacs pelas areias do deserto ou pelas ruas de Riad. Quando as atividades produtivas se tornam rotineiras demais e perdem o sentido, o lazer assume as rédeas. Ele passa a ocupar uma parte cada vez maior do tempo e a contar com uma estimulação artificial cada vez mais elaborada.

Há indivíduos que, quando confrontados com a natureza inútil de seus empregos, fogem por completo das responsabilidades produtivas a fim de buscar uma vida de flow no lazer. Isso não exige obrigatoriamente uma grande quantidade de dinheiro. Existem engenheiros com boa formação que decidiram largar seus empregos e lavar pratos em restaurantes durante o inverno para poder fazer escaladas durante o verão. Em todas as praias com boas ondas, existem colônias de surfistas que vivem de maneira frugal para poder extrair o máximo de flow possível de suas pranchas.

Jim Macbeth, um cientista social australiano, entrevistou dezenas de marinheiros que passam ano após ano navegando pelas ilhas do Pacífico Sul, muitos dos quais não possuem nada além do próprio barco, no qual investiram todas as suas economias. Quando eles ficam sem dinheiro para comida ou reparos, param em algum porto a fim de fazer biscates até conseguirem se reabastecer, e então partem para a próxima jornada. "Consegui me livrar da responsabilidade, abandonar uma vida monótona, ser um pouco aventureiro. Eu tinha que fazer alguma coisa da vida além de vegetar", diz um desses argonautas modernos. "Foi uma chance de fazer algo realmente grande na minha vida; grande e memorável", afirma outro. Ou, nas palavras de um terceiro:

> A civilização moderna inventou o rádio, a tevê, as boates e uma grande variedade de entretenimentos mecanizados a fim de estimular nossos sentidos e nos ajudar a escapar do aparente tédio da terra, do sol, do vento e das estrelas. Velejar me leva de volta às formas antigas.

Alguns indivíduos não abandonam por completo seus empregos, mas mudam a ênfase do trabalho para o lazer enquanto centro de suas vidas.[6] Um alpinista dedicado descreve a empolgante autodisciplina de seu esporte como um treinamento para o resto da vida: "Se você vencer batalhas suficientes, vencer a batalha contra si mesmo, [...] fica mais fácil vencer as batalhas do mundo". Já um ex-empresário que se mudou para as montanhas a fim de ser carpinteiro afirma:

> Eu teria ganhado muito dinheiro na vida corporativa, mas um dia percebi que não gostava daquilo. Eu não estava tendo o tipo de experiência que faz com que a vida seja gratificante. Percebi que as minhas prioridades eram conflitantes, que eu passava a maior parte do tempo no escritório. [...] Os anos estavam passando. Eu gosto de ser carpinteiro. O lugar onde eu moro é calmo e bonito, e eu pratico alpinismo quase todas as noites. Imagino que meu relaxamento e minha

disponibilidade terão mais sentido para minha família do que as coisas materiais que não posso mais dar a eles.

Passar de empresário a carpinteiro é um exemplo do tipo de reajustamento criativo que algumas pessoas são capazes de fazer. Elas procuram um empreendimento produtivo que também lhes permita acrescentar o máximo de flow possível em suas vidas e não descansam até encontrá-lo. As demais opções não parecem satisfatórias; virar *workaholic* ou se refugiar no lazer em tempo integral implica muitas perdas. A maioria de nós, porém, se contenta em compartimentar a vida entre empregos chatos e entretenimento rotineiro. Um exemplo interessante de como o flow sai do trabalho e invade o lazer é fornecido pelo estudo de uma comunidade alpina feito por Antonella Delle Fave e Fausto Massimini, da Universidade de Milão. Eles entrevistaram 46 membros de uma família estendida em Pont Trentaz, uma vila remota nas montanhas onde as pessoas têm carros e aparelhos de tevê, mas ainda trabalham em ocupações tradicionais, como o pastoreio do gado, o cultivo de pomares e a carpintaria. Os psicólogos pediram às três gerações de aldeões que descrevessem quando e como experimentam o flow em suas vidas (ver figura 2).

FIGURA 2

Distribuição das atividades de flow por três gerações de uma família em Pont Trentaz, no Vale de Aosta, Itália

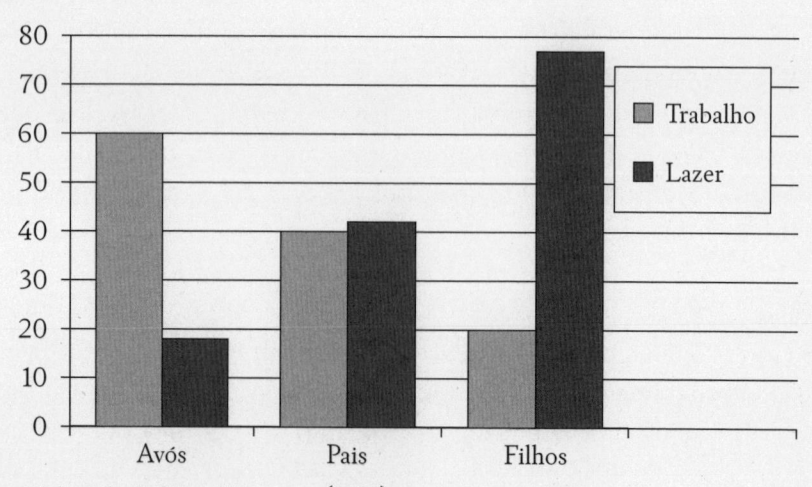

FONTE: Adaptado de Fave e Massimini (1988).

A geração mais velha foi a que relatou experiências de flow com mais frequência, e a maioria envolvia trabalho: cortar feno nos prados, consertar o celeiro, assar pão, ordenhar vacas, trabalhar na roça. A geração do meio — que incluía aqueles entre os quarenta e os sessenta anos — relatou quantidades iguais de flow oriundo do trabalho e do lazer, como ver filmes, viajar de férias, ler ou esquiar. A geração mais nova apresentou um padrão oposto ao dos avós: relatou o menor número de experiências de flow, a maior parte vinda do lazer. Dançar, andar de moto e ver tevê eram algumas das formas mais comuns de diversão. (A figura 2 não mostra o quanto de flow cada grupo relatou; indica apenas o percentual de flow observado no trabalho ou no lazer.)

Nem todas as diferenças geracionais em Pont Trentaz se devem às mudanças sociais. Parte delas são uma característica dos padrões normais de desenvolvimento pelos quais passam todas as gerações: os jovens são sempre mais dependentes de riscos e estímulos artificiais para se divertir. Mas é quase certo que essas diferenças regulares são amplificadas em comunidades em transição social e econômica. Nesses casos, as gerações mais velhas ainda encontram um desafio significativo nas tarefas produtivas tradicionais, enquanto seus filhos e netos, cada vez mais entediados com tarefas que consideram irrelevantes, recorrem ao entretenimento como forma de evitar a entropia psíquica.

Nos Estados Unidos, comunidades tradicionais como os amish e os menonitas conseguiram evitar que o trabalho e o flow se apartassem. No cotidiano de sua vida agrária, é difícil saber quando termina o trabalho e começa o lazer. A maioria das atividades de "tempo livre", como tecelagem, carpintaria, canto ou leitura, são úteis e produtivas no sentido material, social ou espiritual. É claro que essa conquista teve um preço para essas sociedades: permanecer embalsamadas em âmbar, ou seja, presas em um ponto de desenvolvimento tecnológico e espiritual que hoje parece pitoresco. Será que essa é a única forma de preservarmos a integridade de uma existência alegre e produtiva? Ou é possível reinventar um estilo de vida que agregue essas características a um cenário de evolução contínua?

Para se fazer o melhor uso do tempo livre, é preciso dedicar tanta criatividade e atenção a ele quanto ao trabalho. O lazer ativo, que ajuda uma pessoa a crescer, não vem facilmente. No passado, o lazer era justificado porque dava às pessoas a oportunidade de experimentar e de desenvolver habilidades. Antes da profissionalização da ciência e das artes, grande parte da pesquisa científica, poesia, pintura e composição musical era realizada no tempo livre das pessoas. Gregor Mendel fez seus famosos experimentos genéticos como hobby; Benjamin Franklin foi levado pelo interesse, não pela descrição do trabalho, a moer lentes e fazer experiências com para-raios; Emily Dickinson escreveu sua soberba poesia para impor ordem à própria vida. Hoje em dia, espera-se que apenas especialistas se interessem por essas questões; amadores são ridicularizados quando se aventuram em campos reservados aos especialistas. Mas são os amadores — aqueles que fazem algo porque gostam — que acrescentam prazer e entusiasmo à própria vida e à de todos os demais.

Os indivíduos extraordinários, porém, não são os únicos capazes de fazer um uso criativo do lazer. Toda a arte popular — as canções, os tecidos, as cerâmicas e os entalhes que conferem a cada cultura sua identidade e sua fama — é resultado de pessoas comuns, que se esforçaram para expressar da melhor forma suas habilidades no tempo livre do trabalho e das tarefas de manutenção. É difícil imaginar quão monótono seria o mundo se nossos ancestrais tivessem usado seu tempo livre apenas para o entretenimento passivo, em vez de enxergar nele uma oportunidade para explorar a beleza e o conhecimento.

Atualmente, cerca de 7% de toda a energia não renovável que usamos é destinada sobretudo para o lazer. Construir e regar campos de golfe, imprimir revistas, levar jatos até resorts de férias, produzir e distribuir programas de tevê, montar e abastecer lanchas e motoneves são atividades que consomem muitos recursos planetários. Ironicamente, parece que a quantidade de felicidade e prazer que obtemos com o lazer não tem relação alguma — ou, se há, é uma relação negativa — com a quantidade de energia material consumida em sua execução.[7] Atividades discretas que exigem o investimento de habilidades, conhecimentos e emoções de nossa parte são tão gratificantes quanto aquelas que consomem grande quantidade de equipamentos e de energia externa em vez da nossa própria energia psíquica. Ter uma boa conversa, praticar jardinagem, ler poesia, ser voluntário em um hospital ou aprender algo novo são atividades que consomem poucos recursos e, no mínimo, são tão agradáveis quanto opções que consomem dez vezes mais recursos.

Assim como a plenitude de uma vida individual depende em grande parte de como o tempo livre é usado, a qualidade de uma sociedade depende do que seus membros fazem em seu tempo livre. Os subúrbios muitas vezes parecem deprimentemente insípidos porque temos motivos para acreditar que, por trás das impressionantes fachadas que se erguem nos gramados cor de esmeralda, ninguém está fazendo nada de interessante. Existem países inteiros nos quais, ao conversarmos com a população, ficamos com a impressão de que, além de dinheiro, família, moda, férias e fofocas, não resta mais nada que atraia a atenção de ninguém, nem mesmo dos membros da elite, ao passo que ainda existem algumas regiões do mundo onde é possível encontrar aposentados encantados por poesia clássica que colecionam edições raras em sua biblioteca, ou fazendeiros que tocam instrumentos musicais ou escrevem a história de suas aldeias, preservando e ampliando as melhores criações de seus ancestrais.

Seja qual for o caso, vimos que, tanto no nível social quanto no individual, os hábitos de lazer atuam não só como efeitos, mas também como causas. Quando o estilo de vida de um grupo social se torna obsoleto, quando o trabalho se torna uma rotina chata e as responsabilidades comunitárias perdem o sentido, é provável que o lazer se torne cada vez mais relevante. E se uma sociedade se torna muito dependente do entretenimento, é provável que sobre menos energia psíquica para lidar de maneira criativa com os desafios tecnológicos e econômicos que inevitavelmente surgirão.

Pode parecer contraditório soar alarmes sobre a indústria do entretenimento num momento em que ela faz tanto sucesso nos Estados Unidos. Música, cinema, moda e televisão geram grandes receitas no mundo todo. Nossos filhos olham para as celebridades como modelos de vida, e nossas cabeças estão cheias de informações sobre os feitos de atletas e estrelas de cinema. Como todo esse sucesso pode ser prejudicial? Se avaliarmos essas tendências apenas do ponto de vista dos resultados financeiros, então não há nada de errado. Mas se também levarmos em conta os efeitos de longo prazo de gerações viciadas em entretenimento passivo, o cenário colorido se torna verdadeiramente sombrio.

Como evitar o perigo de polarizar a vida entre o trabalho sem sentido porque não é livre e o lazer sem sentido porque não tem propósito? Uma saída possível é dada pelo exemplo dos indivíduos criativos discutidos no capítulo anterior. Em suas vidas, trabalho e lazer são indissociáveis, assim como para aqueles que vivem em sociedades tradicionais. Mas, ao contrário destes últimos, as pessoas criativas não se refugiaram em um momento parado no tempo. Elas recorrem ao que há de melhor no conhecimento do passado e do presente para descobrir a melhor forma de ser no futuro. Se formos capazes de aprender com elas, não há mais nenhuma razão para temer o tempo livre. O próprio trabalho se torna tão prazeroso quanto o lazer, e, quando uma pausa for necessária, o lazer provavelmente será uma verdadeira diversão, em vez de um truque para entorpecer a mente.

Se o nosso trabalho não tem como ser redimido, uma alternativa é pelo menos garantir que o tempo livre represente uma oportunidade real de flow — de explorar o potencial individual e do ambiente. Por sorte, o mundo é absolutamente repleto de coisas interessantes para fazer. Apenas a falta de imaginação, ou a falta de energia, obstruem o caminho. Não fosse assim, cada um de nós poderia ser poeta ou músico, inventor ou explorador, estudioso amador, cientista, artista ou colecionador.

6. Relacionamentos e qualidade de vida

Ao refletir sobre o que proporciona os melhores e os piores sentimentos da vida, é provável que você pense em outras pessoas. Um amante ou cônjuge pode fazê-lo se sentir maravilhosamente eufórico, mas também irritado e deprimido; filhos podem ser uma bênção ou uma dor de cabeça; uma palavra do chefe pode alegrar o seu dia ou acabar com ele. De todas as coisas que fazemos com frequência, a interação com os outros é a menos previsível. Em um momento é flow, no momento seguinte apatia, ansiedade, relaxamento ou tédio. Por conta do poder que as interações têm em nossa mente, os médicos desenvolveram formas de psicoterapia que se apoiam na maximização de encontros agradáveis com os outros. Não há dúvida de que o bem-estar está em profunda sintonia com os relacionamentos e que a consciência reage de acordo com o feedback que recebemos de outras pessoas.[1]

Sarah, por exemplo, uma das pessoas que estudamos com o Método de Amostragem da Experiência, estava sentada sozinha na cozinha às 9h10 de uma manhã de sábado, tomando café e lendo o jornal. Quando o pager apitou, ela deu nota 5 para o seu grau de felicidade no momento, em uma escala em que 1 significa triste e 7, muito feliz. Quando o sinal seguinte chegou, às 11h30, ela ainda estava sozinha, fumando um cigarro, triste com a ideia de que o filho estava prestes a se mudar para outra cidade. Agora sua felicidade havia caído para 3. Às 13h, Sarah estava sozinha, passando o aspirador na sala, e sua felicidade chegou a 1. Às 14h30, ela estava no quintal, na piscina com os netos; a felicidade era um perfeito 7. Menos de uma hora depois, porém, quando ela estava tomando sol e tentando ler um livro enquanto os netos jogavam água nela, o índice de felicidade caiu novamente, para 2: "Minha nora deveria educar melhor esses pirralhos", escreveu Sarah na folha de respostas do MAE. À medida que avançamos pelo dia, pensar nas pessoas e interagir com elas mexe constantemente com nosso humor.

Na maioria das sociedades, as pessoas dependem do contexto social em uma extensão ainda maior do que no Ocidente tecnológico.[2] Acreditamos que o indivíduo deve ser deixado livre para desenvolver seu potencial, e, pelo menos desde Rousseau, passamos a pensar na sociedade como um obstáculo perverso à realização pessoal. Em contraste, a visão tradicional, principalmente na Ásia, tem sido a de que o indivíduo não é nada até que seja moldado e refinado por meio da interação com os outros. A Índia oferece um dos exemplos mais claros de como isso funciona. A cultura hindu clássica se esforçou muito para garantir que, desde a infância até a velhice, seus membros se conformassem aos ideais adequados de comportamento. "Um hindu é formado consciente e deliberadamente durante uma série de eventos coletivos. Esses eventos são os *samskaras*, rituais de ciclo de vida fundamentais e obrigatórios", escreve Lynn Hart. Os *samskaras* ajudam a moldar crianças e adultos, apresentando novas regras de conduta a cada passo na vida.

Como escreveu de forma bem-humorada o psicanalista indiano Sadhir Kakar, os *samskaras* são o rito certo na hora certa:

> O conceito do ciclo de vida humano se desdobrando em uma série de etapas, cada uma delas apresentando suas "tarefas" únicas, e a necessidade de uma progressão ordenada através dessas etapas são uma característica bem consolidada do pensamento indiano tradicional. [...] Um desses rituais é a integração gradual da criança na sociedade, com os *samskaras*, que ajustam o compasso para chegar a um movimento calculado que leva a criança da simbiose original mãe-bebê até a integração plena à comunidade.

A socialização não apenas molda o comportamento, mas também a consciência, de acordo com as expectativas e as aspirações da cultura, de modo que sentimos vergonha quando os outros testemunham nossos fracassos, e culpa quando temos a sensação de decepcionar alguém. Também aqui as culturas diferem enormemente em termos da escala em que o eu depende das expectativas internalizadas da comunidade; os japoneses, por exemplo, têm várias palavras para descrever nuances de dependência, obrigações e responsabilidade que são difíceis de traduzir para o inglês, porque no ambiente social norte-americano não aprendemos a experimentar esses sentimentos na mesma gradação. No Japão, de acordo com o perspicaz jornalista Shintaro Ryu, o indivíduo típico "deseja ir aonde quer que os outros estejam indo; mesmo quando vai à praia nadar, ele evita os locais pouco frequentados, e escolhe um ponto onde as pessoas estão praticamente umas em cima das outras".

Não é difícil perceber por que estamos tão enredados em nosso meio social, tanto psíquica quanto fisicamente. Mesmo nossos parentes primatas, os macacos que vivem nas selvas e savanas africanas, aprenderam que, a menos que sejam aceitos pelo grupo, não vão viver muito tempo; um babuíno solitário logo será vítima de leopardos ou hienas. Nossos ancestrais compreenderam há bastante tempo que eram animais sociais, que dependiam do grupo não apenas para proteção, mas também para aprender sobre as comodidades da vida. A palavra grega "idiota" referia-se originalmente à pessoa que vivia sozinha; supunha-se que, tolhida da interação com a comunidade, tal pessoa se tornaria mentalmente incapaz. Nas sociedades pré-letradas contemporâneas, esse conhecimento está tão profundamente arraigado que o indivíduo que gosta de viver sozinho é visto como um feiticeiro, pois uma pessoa normal jamais escolheria deixar a companhia de outras, a menos que fosse forçada a isso.

Como as interações são fundamentais para manter a consciência em equilíbrio, é importante entender como elas nos afetam e aprender a transformá-las em experiências positivas, em vez de negativas. Como tudo na vida, existe um custo para desfrutar dos relacionamentos. Precisamos empregar uma certa quantidade de energia psíquica para colher seus benefícios, ou corremos o risco de nos encontrar no lugar da personagem de *Entre quatro paredes*, de Sartre, que chega à conclusão de que "o inferno são os outros".

Uma relação que proporcione ordem à consciência, em vez de entropia psíquica, precisa atender a pelo menos duas condições. A primeira é encontrar alguma compatibilidade entre nossas metas e as metas do outro (ou outros). Isso, a princípio, é sempre difícil, uma vez que cada participante da interação é programado para defender seus próprios interesses. No entanto, na maioria das situações, se procurarmos bem, podemos descobrir pelo menos um fragmento de metas compartilhadas. A segunda condição para uma interação bem-sucedida é estarmos dispostos a investir atenção nas metas alheias — o que também não é uma tarefa fácil, considerando que a energia psíquica é o recurso mais essencial e escasso que possuímos. Quando essas condições são atendidas, é possível obter o resultado mais valioso de estar com outras pessoas — experimentar o flow que vem da interação ideal.

As experiências mais positivas que as pessoas relatam são sobretudo aquelas vividas na companhia de amigos.[3] Isso é especialmente válido para os adolescentes (ver figura 3), mas continua a ser verdade nos últimos anos de vida. As pessoas em geral são muito mais felizes e motivadas quando estão com amigos, independentemente do que estejam fazendo. Mesmo os estudos e os afazeres domésticos, que deprimem o humor quando feitos sozinhos ou em família, tornam-se experiências positivas quando feitos com amigos. Não é difícil entender por quê. Com os amigos, as condições para uma interação ideal costumam ser maximizadas. Nós os escolhemos porque vemos suas metas como compatíveis com as nossas, e a relação é de igualdade. Espera-se que as amizades forneçam benefícios mútuos, sem restrições externas que possam levar à exploração. Em tese, as amizades nunca são estáticas: estão sempre proporcionando novos estímulos emocionais e intelectuais, para que o relacionamento não se transforme em tédio ou apatia. Experimentamos novas coisas, atividades e aventuras; desenvolvemos novas posturas, ideias e valores; conhecemos os amigos de forma mais profunda e íntima. Enquanto muitas atividades de flow são agradáveis apenas no curto prazo, porque seus desafios logo acabam, os amigos oferecem um estímulo potencialmente infinito por toda a vida, aprimorando nossas habilidades emocionais e intelectuais.

Claro que esse ideal não é alcançado com muita frequência. Em vez de promover o crescimento, as amizades muitas vezes oferecem um casulo seguro onde nossa autoimagem pode ser preservada sem que jamais precisemos mudar. A sociabilidade superficial dos grupos de adolescentes, dos clubes de subúrbio, das reuniões sociais em cafés, das associações profissionais e dos companheiros de bebedeira nos proporciona a reconfortante sensação de fazer parte de um grupo de pessoas com ideias semelhantes às nossas, sem que isso exija esforço nem crescimento. Uma indicação dessa tendência é mostrada na figura 3, onde vemos que nossa concentração costuma ser significativamente mais baixa quando estamos na companhia de amigos do que quando estamos sós. Ao que parece, o esforço mental raramente está envolvido em interações típicas de amizade.

Nos piores casos, quando uma pessoa sem outros vínculos estreitos passa a depender exclusivamente de outros indivíduos sem raízes para obter apoio emocional, a amizade pode ser destrutiva. Gangues urbanas, grupos de delinquentes e células terroristas em geral são formadas por indivíduos que, seja por responsabilidade própria ou por força das circunstâncias, não encontraram um nicho em nenhuma comunidade e têm apenas uns aos outros para confirmar sua identidade. Nesses casos, o crescimento também acontece como resultado do relacionamento, mas costuma ser um crescimento nocivo.

FIGURA 3

Como a qualidade da experiência dos adolescentes muda em diferentes contextos sociais

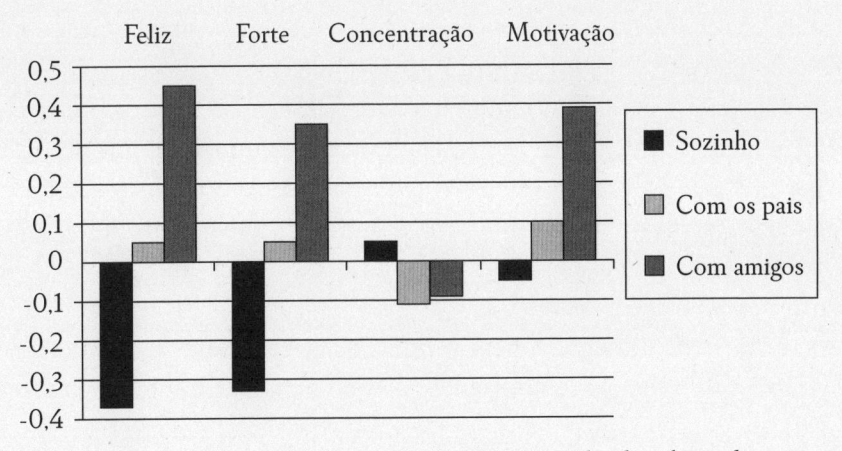

O ponto "0" da figura se refere à qualidade média da experiência relatada ao longo de uma semana. Os sentimentos de felicidade e força são significativamente piores quando se está sozinho, e melhores quando se está com os amigos; a motivação é significativamente maior quando se está com amigos. Uma tendência semelhante é observada em todos os estudos que usam o Método de Amostragem da Experiência, seja com adultos ou adolescentes, nos Estados Unidos ou em outros países.

FONTE: Csikszentmihalyi e Larson (1984).

Em comparação com as outras características principais do ambiente social, no entanto, as amizades proporcionam os contextos mais emocionalmente gratificantes no presente imediato, e as maiores oportunidades de desenvolvimento do potencial individual a longo prazo. Acontece que a vida contemporânea não é muito adequada à manutenção de amizades. Nas sociedades mais tradicionais, as pessoas permanecem em contato com os amigos de infância pela vida toda. A mobilidade geográfica e social nos Estados Unidos torna algo assim quase impossível. Nossos amigos do ensino médio não são os mesmos que fizemos na escola primária, e na faculdade as amizades são mais uma vez reorganizadas. Depois, mudamos de um emprego para outro, de uma cidade para outra, e, com a idade, as amizades transitórias se tornam cada vez mais superficiais. A ausência de amigos de verdade costuma ser a principal queixa das pessoas que atravessam uma crise emocional na segunda metade da vida.

Como compensação parcial pela dificuldade de ter amigos, descobrimos uma nova possibilidade nos Estados Unidos: manter amizade com nossos pais, cônjuges e filhos. Na tradição europeia do amor cortês, a amizade com o marido ou a esposa era considerada um oximoro. Quando os casamentos estavam em grande parte a serviço de alianças econômicas ou políticas, e os filhos dependiam dos pais em questões de herança e status, faltavam as condições de igualdade e reciprocidade que possibilitam as amizades. Nas últimas gerações, porém, a família perdeu grande parte de seu papel econômico. E quanto menos dependemos dela para obter benefícios materiais, mais podemos aproveitar o seu potencial como provedora de recompensas emocionais. Assim, a família moderna, com todos os seus problemas, abre novas possibilidades para experiências ideais, que eram muito mais difíceis de encontrar em épocas passadas.

Nas últimas décadas, percebemos que a imagem da família que prezamos desde pelo menos a época vitoriana é apenas uma das muitas alternativas possíveis. Segundo o historiador Le Roy Ladurie, uma família rural francesa do final da Idade Média era composta por quem vivia sob o mesmo teto e compartilhava as mesmas refeições.[4] Assim, podia incluir pessoas que de fato compartilhavam laços de sangue, mas também lavradores e indivíduos que migravam para ajudar no trabalho agrícola e recebiam abrigo. Ao que parece, nenhuma distinção era feita em relação a esses indivíduos; aparentados ou não, eles eram vistos como pertencentes ao mesmo *domus*, ou casa de alvenaria, que era a unidade que realmente importava, mais que a família biológica. Mil anos antes, a família romana era um arranjo social muito diferente. Nela, o patriarca tinha o direito legal de matar os filhos se eles o desagradassem, e a descendência biológica importava quase tanto quanto importaria, mais tarde, para as famílias aristocráticas do século XIX.

E essas variações estavam ainda dentro da mesma tradição cultural. Além delas, os antropólogos nos familiarizaram com uma enorme variedade de outras formas de família, desde a imensa família estendida havaiana, onde todas as mulheres da geração mais velha são consideradas "mães", até várias formas de arranjos polígamos e poliândricos. Tudo isso nos preparou para ver a dissolução da família nuclear — com taxas de divórcio de 50% e a maioria das crianças crescendo em famílias sem pai ou reconstituídas — não como uma tragédia, mas como uma transição normal para novas formas, adaptadas às mudanças nas condições socioeconômicas. Num dos extremos, ouvimos alegações de que a família é uma instituição obsoleta, reacionária, destinada a desaparecer.

Um ponto de vista oposto é defendido pelos conservadores, que pretendem defender "valores da família", no sentido de um retorno aos padrões convencionais consagrados nas comédias de televisão de meados do século XX. Quem está certo nessa polêmica? Claramente, ambos os lados têm razão até certo ponto, e ambos estão errados ao adotar uma visão rígida de um padrão em evolução. Por um lado, é falso argumentar que já existiu um dia um padrão familiar ideal, e que podemos nos apegar a essa quimera enquanto o resto das condições sociais está em mudança. Por outro, é igualmente equivocado argumentar que um sistema social saudável pode existir sem o apoio emocional e o cuidado que apenas pais e mães parecem ser capazes de dar aos filhos em crescimento. Por mais variedade que haja na forma das famílias, elas sempre incluíram adultos de ambos os sexos que assumiam responsabilidades pelo bem-estar uns dos outros e de seus filhos.

É por essa razão que o casamento é uma instituição tão complexa em todas as sociedades. As negociações que ele implica, e que incluíram cálculos rebuscados sobre o dote e o preço das noivas, visavam garantir que os filhos nascidos da união não se tornassem um fardo público. Em todas as sociedades, os pais e parentes dos noivos assumiam a responsabilidade de sustentar e educar os filhos resultantes da união, tanto em termos de necessidades materiais quanto de adaptação aos valores e regras da comunidade. Até hoje, nenhuma sociedade — nem a União Soviética, nem Israel, nem a China comunista — foi capaz de refinar a família e substituí-la por uma outra instituição social. É uma das grandes ironias do nosso tempo que, apesar de suas boas intenções, o capitalismo liberal tenha conseguido enfraquecer as famílias mais do que nunca — sem ser capaz de inventar um substituto para elas.

Os impactos das relações familiares na qualidade de vida são tão extensos que poderíamos escrever milhões de páginas sobre essa questão. Inclusive, é esta a temática de muitas grandes obras da literatura, de *Édipo Rei* a *Hamlet*, de *Madame Bovary* a *Desejo*. As interações familiares afetam a qualidade da experiência de formas diferentes para cada membro. Pais, mães e filhos responderão ao mesmo acontecimento de acordo com a sua percepção da situação e com o histórico de vicissitudes em seu relacionamento. Mas, para fazer uma generalização bem ampla, a família atua como um volante para os altos e baixos emocionais do dia. Os estados de humor em casa raramente são tão exaltados quanto com os amigos, e raramente tão deprimidos quanto nos momentos em que se está sozinho. Ao mesmo tempo, é em casa que podemos liberar emoções reprimidas com relativa segurança, como mostram os infelizes abusos e violências que caracterizam as famílias disfuncionais.

Em um extenso estudo da dinâmica familiar realizado com o Método de Amostragem da Experiência, Reed Larson e Maryse Richards descobriram vários padrões interessantes. Por exemplo, quando ambos os pais estão empregados, o humor dos maridos é baixo no trabalho, mas melhora quando chegam em casa, enquanto com as esposas acontece o contrário, uma vez que elas precisam encarar as tarefas domésticas ao voltar do trabalho externo, criando assim ciclos opostos de bem-estar emocional. Ao contrário do que se poderia esperar, há mais discussões em famílias emocionalmente próximas; quando a família está passando por dificuldades, pais e filhos se evitam, em vez de discutir. Mesmo nas famílias contemporâneas, as diferenças de gênero entre os cônjuges ainda são fortes: o humor do pai afeta o humor do resto da família, e o humor dos filhos afeta a mãe, mas o humor das mães tem pouco efeito perceptível sobre o resto da família.[5] Além disso, cerca de 40% dos pais e menos de 10% das mães afirmam que as realizações dos filhos adolescentes os deixam de bom humor, enquanto 45% das mães e apenas 20% dos pais dizem que o bom humor dos adolescentes melhora o seu próprio humor. Fica claro que os homens estão mais preocupados com o que os filhos fazem, e as mulheres com a maneira como se sentem, conforme ditado pelos papéis de gênero.

Muito tem sido escrito sobre o que faz as famílias funcionarem. O consenso é que as famílias que apoiam o bem-estar e o crescimento emocional de seus integrantes reúnem três características quase opostas. Elas combinam disciplina com espontaneidade, regras com liberdade, expectativas altas com amor incondicional. Um sistema familiar ideal é complexo na medida em que estimula o desenvolvimento individual de seus membros enquanto os une em uma teia de laços afetivos.[6] Regras e disciplina são necessárias para evitar o desperdício de energia psíquica na negociação do que pode ou não ser feito — a que horas os filhos devem voltar para casa, em que momento têm que fazer a lição de casa, quem deve lavar a louça. Assim, a energia psíquica poupada das brigas e discussões pode ser investida na busca pelas metas individuais. Ao mesmo tempo, cada um sabe que pode recorrer à energia psíquica coletiva da família, se necessário. Ao crescer em uma família complexa, as crianças têm a chance de desenvolver habilidades e identificar desafios, e, assim, estão mais preparadas para experimentar a vida como fonte de flow.

Em nossa sociedade, a pessoa média passa cerca de um terço de seu tempo acordada sozinha. Pessoas que passam muito mais ou muito menos tempo sozinhas costumam ter problemas. Adolescentes que estão sempre com os colegas têm problemas na escola e dificilmente aprendem a pensar por si mesmos, enquanto aqueles que estão sempre sozinhos são presas fáceis para a depressão e a alienação. O suicídio acontece com mais frequência entre pessoas cujo trabalho as isola fisicamente, como os madeireiros nas regiões frias, ou emocionalmente, como os psiquiatras. As exceções incluem situações em que os dias são tão estritamente programados que a entropia psíquica não tem a oportunidade de assomar na consciência. Os monges cartuxos podem passar a maior parte da vida isolados em suas celas sem sofrer efeitos nocivos, ou, no outro extremo da sociabilidade, o mesmo vale para as tripulações de submarinos, que podem passar meses a fio sem nenhuma privacidade.

Em muitas sociedades pré-letradas, a quantidade ideal de solidão era zero. Os dobuanos da Melanésia, descritos pelo antropólogo Reo Fortune, eram emblemáticos por fugirem da solidão como quem foge da peste.[7] Em Dobu, quando as pessoas tinham que ir ao mato para se aliviar, sempre iam com um amigo ou parente, por medo de serem atingidas por algum feitiço se fossem sozinhas. Que a feitiçaria seja mais eficaz contra uma pessoa solitária não é uma ideia inteiramente fantasiosa. Embora tenha uma explicação alegórica, ela descreve um fato real, que muitos cientistas sociais observaram: o de que a mente de um indivíduo solitário é vulnerável a delírios e medos irracionais. Quando falamos com outra pessoa, mesmo sobre os assuntos mais triviais, como o tempo ou o jogo de futebol do dia anterior, a conversa introduz uma realidade compartilhada em nossa consciência. Mesmo uma saudação como "Tenha um bom dia" nos assegura que existimos, porque outras pessoas nos percebem e estão preocupadas com o nosso bem-estar. Assim, a função fundamental mesmo dos encontros mais rotineiros é a *manutenção da realidade*, indispensável para que a consciência não se desintegre no caos.

Em ressonância com essas explicações, as pessoas em geral relatam humor muito mais deprimido quando estão sozinhas do que quando estão com outras pessoas. Elas se sentem menos felizes, menos alegres, menos fortes, e mais entediadas, mais passivas e mais solitárias. A única dimensão da experiência que tende a ser mais elevada quando estamos sós é a concentração. Ao ouvir pela primeira vez sobre esses padrões, muitas pessoas pensativas demonstram incredulidade: "Não pode ser verdade", dizem, "eu adoro ficar sozinho e busco a solidão sempre que posso". Na verdade, é possível aprender a gostar da solidão, mas não é fácil. Para quem é artista, cientista ou escritor, tem um hobby ou uma vida interior significativa, estar sozinho é não só agradável, como necessário. Relativamente poucos indivíduos, no entanto, dominam as ferramentas mentais que tornam isso possível.

A maioria das pessoas também superestima sua capacidade de tolerar a solidão. Uma pesquisa realizada na Alemanha por Elizabeth Noelle-Neumann mostra até que ponto somos capazes de nos iludir a esse respeito.[8] Ela apresentou a milhares de entrevistados duas fotos de uma paisagem montanhosa. Uma mostrava um prado cheio de passantes, a outra a mesma cena, mas com apenas algumas pessoas. Então ela fez duas perguntas aos participantes da pesquisa. A primeira foi: "Em qual desses dois lugares você preferiria passar férias?". Cerca de 60% escolheram o prado deserto e apenas 34% o lotado. A segunda pergunta foi: "Em qual desses dois lugares você acha que a maioria dos alemães preferiria passar férias?". A esse questionamento, 61% responderam que a cena lotada seria a primeira escolha de seus compatriotas, enquanto 23% optaram pela cena solitária. Aqui, como em muitas situações semelhantes, pode-se aprender mais sobre as verdadeiras preferências das pessoas ouvindo o que elas dizem quanto ao que os outros querem, em vez daquilo que elas próprias afirmam querer.

Em nossos tempos, no entanto, gostemos ou não da solidão, devemos ser capazes de suportá-la em pequenas doses. É difícil aprender matemática, estudar piano, escrever um código de programação ou descobrir o propósito da vida quando há outras pessoas por perto. A concentração necessária para ordenar os pensamentos na consciência é facilmente interrompida por uma palavra alheia, pela necessidade de prestar atenção a outra pessoa. Assim, vimos que os adolescentes que acham que precisam estar sempre com os amigos — e geralmente são jovens que carecem de apoio emocional em suas famílias — tendem a não ter a energia psíquica necessária para uma aprendizagem complexa. Mesmo que haja uma aptidão mental elevada, o medo da solidão os impede de desenvolver seus talentos.[9]

Se é verdade que a solidão tem sido uma ameaça constante para a humanidade, os estrangeiros não têm sido um problema menor. Costumamos presumir que pessoas que diferem de nós — por parentesco, idioma, etnia, religião, formação, classe social — terão objetivos opostos aos nossos e, portanto, devem ser observadas com desconfiança. Os primeiros grupos humanos geralmente supunham que eram os únicos seres humanos verdadeiros, em contraste com aqueles que não compartilhavam sua cultura. Embora estejamos todos relacionados geneticamente, as diferenças culturais serviram para reforçar nosso isolamento.

Por isso, sempre que grupos diferentes entram em contato, é muito comum que ignorem a humanidade alheia e tratem o "outro" como um inimigo que, em caso de necessidade, pode ser destruído sem remorso. Isso é válido não só para caçadores de cabeças da Nova Guiné, mas também para bósnios sérvios e muçulmanos, irlandeses católicos e protestantes, e uma infinidade de outros grupos cujos conflitos étnicos e religiosos seguem fermentando sob a superfície da civilização.

Os primeiros verdadeiros caldeirões de identidades tribais foram as grandes cidades, que surgiram há cerca de 8 mil anos em diferentes partes do mundo, da China à Índia e ao Egito. Nelas, pela primeira vez, pessoas de diferentes origens aprenderam a cooperar e tolerar hábitos vindos de fora. Mas mesmo a metrópole cosmopolita não conseguiu eliminar o medo do estrangeiro.[10] Na Paris medieval, crianças de sete anos tinham que portar adagas no trajeto de ida e volta das escolas para se defender de sequestradores e ladrões; hoje, os estudantes dos centros urbanos usam armas. No século XVII, era extremamente comum que as mulheres que andavam pelas ruas da cidade fossem estupradas por gangues de jovens errantes. Na selva urbana, um homem com uma cor de pele diferente, roupas e comportamento diferentes ainda é visto como predador em potencial.

Também nesse caso, porém, existe o outro lado da moeda. Porque, ao mesmo tempo que somos repelidos pelas diferenças, também ficamos fascinados com o estranho e o exótico. A metrópole é atraente, em parte, porque o choque de culturas cria uma atmosfera de excitação, liberdade e criatividade que é difícil de encontrar em uma cultura isolada e homogênea. Em consequência disso, muitas pessoas afirmam que algumas de suas experiências mais positivas ocorrem em espaços públicos, onde estão cercadas por estranhos — em parques, ruas, restaurantes, teatros, clubes e praias. Desde que possamos presumir que o "outro" compartilha dos nossos objetivos básicos e se comportará de maneira previsível dentro de certos limites, sua presença acrescenta um belo tempero à qualidade da vida.

O atual impulso para o pluralismo e para uma cultura global (que não são a mesma coisa, mas tendem ambos à integração, não à diferenciação) é uma forma de reduzir a estranheza dos estrangeiros. Outra é a "restauração" das comunidades: as aspas servem para indicar que as comunidades ideais, assim como as famílias ideais, podem nunca ter realmente existido. Ao ler histórias de vidas privadas, é difícil encontrar um lugar, em qualquer época, onde as pessoas cuidassem de suas vidas em serena cooperação, sem medo de inimigos internos ou externos à comunidade. Pode não ter havido minorias raciais ou crime organizado em pequenas cidades chinesas, indianas ou europeias, mas sempre houve desajustados, desviantes, hereges, castas inferiores, animosidades políticas ou religiosas que levaram a guerras civis e afins. Nos Estados Unidos, as primeiras comunidades devem ter sido bastante coesas, uma vez que não eram cindidas por questões como caça às bruxas, guerras contra indígenas, conflitos entre defensores e detratores da Coroa Britânica, ou defensores e detratores da escravidão.

Em outras palavras, a comunidade ideal que inspirou as pinceladas de Norman Rockwell não era mais típica do que as famílias coloridas e bem alimentadas que ele pintou, sentadas de cabeça baixa, com sorrisos complacentes, à mesa do jantar de Ação de Graças. No entanto, isso não significa que tentar criar comunidades saudáveis seja uma má ideia. Pelo contrário, sugere que, em vez de procurar por modelos no passado, devemos descobrir como seria um ambiente social seguro e estimulante no futuro.

Desde os primórdios da filosofia ocidental, os pensadores conceberam duas formas principais de realizar os potenciais humanos. A primeira envolvia a *vita activa*,[11] ou a expressão do próprio ser por meio da ação na arena pública: prestar atenção ao que se passava no meio social, tomar decisões, envolver-se com a política, defender suas convicções, posicionar-se mesmo à custa do conforto e da reputação. Isso é o que alguns dos filósofos gregos mais influentes viam como a realização máxima da própria essência. Mais tarde, sob a influência da filosofia cristã, a *vita contemplativa* ganhou ascendência como a melhor forma de viver a vida. Era por meio da reflexão solitária, da oração, da comunhão com o ser supremo, que se pensava ser possível alcançar a mais completa realização. E essas duas estratégias costumavam ser vistas como mutuamente exclusivas — não era possível ser uma pessoa ativa e um pensador ao mesmo tempo.

Essa dicotomia permeia nossa compreensão do comportamento humano até hoje. Carl Jung introduziu os conceitos de extroversão e introversão como traços fundamentais e opostos da psique. O sociólogo David Riesman descreveu uma mudança histórica de personalidades voltadas para o interior para personalidades voltadas para o exterior. Na pesquisa psicológica contemporânea, extroversão e introversão são considerados os traços de personalidade mais estáveis que diferenciam as pessoas umas das outras, no âmbito daqueles que podem ser medidos com segurança. Normalmente, cada um de nós tende a ser uma coisa ou outra: ou amamos interagir com as pessoas e nos sentimos perdidos quando estamos sozinhos ou encontramos prazer na solidão e somos incapazes de nos relacionar com os outros. Qual desses tipos tem maior probabilidade de tirar melhor proveito da vida?

Estudos atuais fornecem evidências consistentes de que os extrovertidos são mais felizes, mais alegres, menos estressados, mais serenos e mais em paz consigo mesmos do que os introvertidos.[12] A conclusão parece ser que a extroversão — que se acredita ser uma característica inata, não adquirida — proporciona melhores resultados na vida como um todo. Nesse caso, porém, tenho algumas ressalvas quanto à forma como os dados foram interpretados. Uma das manifestações da extroversão consiste em dar um toque positivo às coisas, enquanto os introvertidos tendem a ser mais fechados ao descrever seus estados internos. Assim, a qualidade da experiência pode ser semelhante em ambos os grupos, estando a única diferença na maneira de exprimi-la.

O estudo de indivíduos criativos sugere uma solução melhor. Essas pessoas, em vez de serem extrovertidas ou introvertidas, parecem expressar ambas as características em sua forma de viver a vida. É verdade que o estereótipo do "gênio solitário" é forte e, de fato, tem uma base. Afinal, geralmente é preciso ficar sozinho para escrever, pintar ou fazer experimentos em um laboratório. No entanto, por diversas vezes, os indivíduos criativos enfatizam a importância de ver pessoas, ouvi-las, trocar impressões e entrar em contato com seus trabalhos. O físico John Archibald Wheeler expressa esse argumento com grande franqueza: "Se você não troca ideias com as pessoas, você está perdido. Eu sempre digo que é impossível se tornar alguém sem que haja outras pessoas por perto".

Outro notável cientista, Freeman Dyson, expressa com delicada nuance em seu trabalho as fases opostas dessa dicotomia. Ele aponta para a porta de seu escritório e diz:

> A ciência é um negócio muito gregário. É, em suma, a diferença entre essa porta estar aberta ou fechada. Quando estou fazendo ciência, a porta fica aberta. [...] Você quer estar, o tempo todo, conversando com as pessoas, [...] porque é apenas por meio da interação com os outros que se consegue fazer algo interessante. Trata-se, em essência, de um empreendimento coletivo. Há coisas novas acontecendo o tempo todo, e você precisa se manter a par, ciente do que está acontecendo. É preciso conversar o tempo todo. Mas, claro, escrever é diferente. Quando estou escrevendo, a porta fica fechada, e mesmo assim entra muito ruído. Então, várias vezes, quando escrevo, vou me esconder na biblioteca. É uma atividade solitária.

John Reed, o CEO do Citicorp que liderou a empresa com sucesso em alguns momentos turbulentos, estabeleceu a alternância entre reflexão interna e interação social intensa em sua rotina diária:

Eu sou um cara madrugador. Acordo todo dia às 5h, saio do banho por volta das 5h30, e normalmente tento trabalhar ou em casa ou no escritório; e é nesse momento que faço uma boa parte das minhas reflexões e estabeleço minhas prioridades. [...] Procuro ter um período de relativo isolamento até as 9h30 ou 10h. A partir desse momento, é preciso se envolver em muitas interações. Ser o CEO de uma empresa é como ser um chefe tribal. As pessoas entram no seu escritório e falam com você o tempo todo.

Mesmo no domínio um tanto íntimo das artes, a capacidade de interagir é essencial. A escultora Nina Holton descreve bem o papel da sociabilidade em sua obra:

É impossível trabalhar completamente isolado no seu canto. Você deseja que um colega artista venha ao seu ateliê e converse com você sobre as coisas: "O que você acha disso?". É preciso ter algum tipo de feedback. Você não pode ficar sentado o tempo todo sozinho. [...] E então, um dia, quando você começa a expor, é preciso ter toda uma rede. Você tem que conhecer as pessoas das galerias, tem que saber quem são aquelas que trabalham na mesma área que você. É claro que você pode decidir se quer fazer parte disso ou não, mas é impossível não fazer parte de uma fraternidade, sabe?

O modo como esses indivíduos criativos encaram a vida sugere que é possível ser extrovertido e introvertido ao mesmo tempo. De fato, expressar toda a gama do mais interno ao mais externo talvez seja a maneira normal de ser humano. O anormal é ficar encaixotado em uma das pontas desse *continuum* e experimentar a vida apenas como um ser gregário ou apenas como um ser solitário. É claro que o temperamento e a socialização vão nos empurrar em uma direção ou em outra, e depois de um tempo fica fácil se render a essas forças condicionantes e aprender a apreciar a interação social ou a solidão, mas não ambas. Com essa atitude, no entanto, reduz-se o espectro daquilo que os humanos podem experimentar, e também as possibilidades de prazer na vida.

7. Mudando os padrões da vida

Alguns anos atrás, um senhor de 83 anos escreveu uma das cartas mais tocantes que já recebi de um leitor. Ele dizia que, após a Primeira Guerra Mundial, tinha sido um soldado de artilharia lotado no Sul dos Estados Unidos. O Exército usava cavalos para puxar os canhões, e, após as manobras, muitas vezes eles os desatrelavam e jogavam polo. Durante essas partidas, ele sentia uma alegria que nunca havia sentido nem antes nem voltou a sentir depois; presumiu que somente uma partida de polo poderia fazê-lo se sentir tão bem novamente. Os sessenta anos seguintes foram previsíveis e sem acidentes. Então ele leu meu livro *Flow* e percebeu que a emoção que tinha experimentado quando jovem em cima de um cavalo não se limitava necessariamente ao polo, e passou a fazer algumas coisas que achava divertidas, mas nunca tinha experimentado. Começou a praticar jardinagem, ouvir música e realizar outras atividades que, vejam só, reacenderam a empolgação de sua juventude.

É muito bom que, na casa dos oitenta, esse senhor tenha descoberto que não precisava aceitar passivamente uma vida chata. Ainda assim, os sessenta anos anteriores parecem ter sido desnecessariamente estéreis. Quantas pessoas jamais percebem que podem moldar sua energia psíquica para tirar o máximo proveito das experiências? Se a constatação de que cerca de 15% da população nunca está em flow for correta, isso significa que, apenas nos Estados Unidos, existem dezenas de milhões de pessoas privadas daquilo que faz a vida valer a pena.[1]

É claro que, em muitos casos, é possível perceber muito bem por que uma pessoa nunca ou quase nunca experimenta o flow. Uma infância carente, pais abusivos, pobreza e uma série de outras razões externas podem fazer com que seja difícil encontrar alegria no dia a dia. Por outro lado, há tantos exemplos de indivíduos que superaram obstáculos como esses que acreditar que a qualidade de vida é determinada por fatores externos é algo que dificilmente se sustenta. Algumas das contestações mais inflamadas em relação ao que escrevi sobre o flow vieram de leitores que diziam ter sofrido abusos e queriam que eu soubesse que, ao contrário do que eu dizia, era perfeitamente possível que crianças vítimas de abuso tivessem prazer na vida adulta.

São tantos exemplos que não dá para mencionar todos. Um dos meus preferidos envolve Antonio Gramsci, o filósofo do socialismo humanista que exerceu uma forte influência no desenvolvimento do pensamento europeu do século XX e no eventual desaparecimento do leninismo-stalinismo.[2] Nascido em 1891 em uma família carente na empobrecida ilha da Sardenha, Gramsci tinha uma deformação nas costas e passou a infância inteira adoentado. Sua pobreza se tornou quase insustentável quando o pai, detido sob falsas acusações, foi encarcerado e não pôde mais sustentar sua numerosa família. Em uma tentativa frustrada de curar sua corcunda, o tio de Gramsci o pendurava pelos tornozelos nas vigas da choupana em que moravam. Sua mãe tinha tanta certeza de que ele acabaria morrendo durante o sono que todas as noites deixava em cima da cômoda o único terno bom que ele tinha, junto com um par de velas, para que os preparativos do funeral não demorassem tanto. Diante desses fatos, não surpreenderia que Gramsci tivesse crescido cheio de ódio e rancor. Em vez disso, ele dedicou a vida a ajudar os oprimidos, tornando-se um escritor talentoso e um brilhante teórico. Embora tenha sido um dos fundadores do Partido Comunista italiano, ele jamais comprometeu seus valores humanitários por conveniência ou dogmas partidários. Mesmo depois que Mussolini o encarcerou em uma prisão medieval para que morresse na solitária, ele continuou escrevendo cartas e ensaios cheios de luz, esperança e compaixão. Todos os fatores externos conspiraram para prejudicar a vida de Gramsci; ele merece todo o crédito por ter alcançado a harmonia intelectual e emocional que deixou como herança.

Outro exemplo, desta vez oriundo de minhas próprias pesquisas, diz respeito à vida de Linus Pauling. Ele nasceu em Portland, no Oregon, na virada do século XIX para o século XX; seu pai morreu quando ele tinha nove anos, deixando a família sem meios. Embora fosse um ávido leitor e colecionasse minerais, plantas e insetos, Linus achava que não passaria do ensino médio. Por sorte, os pais de um de seus amigos quase o forçaram a se matricular na faculdade. Em seguida, ele recebeu uma bolsa de estudos para ingressar no Caltech, começou a fazer pesquisas e recebeu o prêmio Nobel de Química em 1954, além do prêmio Nobel da Paz, em 1962. Ele descreveu seus anos de faculdade da seguinte forma:

> Ganhei algum dinheiro fazendo bicos, trabalhando na faculdade, matando os dentes-de-leão do gramado ao mergulhar uma vara em um balde contendo uma solução de arsenato de sódio e depois enfiando a vara na planta. Todos os dias eu cortava várias braçadas de lenha em pedaços menores, de modo que coubessem nos fogões do dormitório feminino. Duas vezes por semana, cortava mais de dez quilos de carne de boi em bifes ou peças maiores para assar, e todos os dias limpava o chão da cozinha principal, que era bastante ampla. Então, no final do segundo ano, consegui um emprego como engenheiro de pavimentação e passei a cuidar do asfaltamento das estradas nas montanhas do sul do Oregon.

O que surpreende em Linus Pauling é que, mesmo aos noventa anos, ele mantinha o entusiasmo e a curiosidade de uma criança. Tudo o que fazia ou dizia transbordava de vigor. Apesar da adversidade inicial e das dificuldades posteriores, ele emanava uma evidente alegria de viver. E não havia segredo nenhum sobre como conseguia aquilo; em suas próprias palavras: "Apenas segui em frente, fazendo o que eu gostava de fazer".

Alguns vão achar essa atitude irresponsável: como alguém pode se dar ao luxo de fazer apenas o que gosta? Mas a questão é que Pauling, e muitos outros que compartilham sua postura, gostava de fazer quase tudo, por mais difícil ou trivial que fosse, inclusive aquilo que era obrigado a fazer. A única coisa que pessoas como ele definitivamente não gostam de fazer é jogar tempo fora. Portanto, não é que elas tenham uma vida objetivamente melhor do que a sua ou a minha; a questão é que seu entusiasmo por ela é tal que a maior parte das coisas que fazem acaba por lhes proporcionar experiências de flow.

Recentemente, muito se tem escrito sobre como as pessoas nascem com um temperamento feliz ou triste, não havendo muito que se possa fazer para mudá-lo. Segundo essa interpretação, se você por acaso for uma pessoa feliz, permanecerá assim pelo resto da vida, não importa quanta má sorte encontre pelo caminho. Se esse não for o caso, um golpe de sorte pode até melhorar seu humor por um curto período, mas você logo retornará à morosidade mediana à qual seus genes o condenaram. Se isso fosse verdade, seria inútil tentar mudar a qualidade de vida de alguém. Mas esse cenário determinista está correto apenas no que diz respeito à exuberância extrovertida que muitas vezes é confundida com felicidade. Esse, sim, parece de fato ser um traço bastante estável do caráter de uma pessoa. É uma história diferente, no entanto, se por felicidade nos referimos ao menos óbvio deleite da vida que o flow proporciona.

Em um raro estudo longitudinal com o MAE envolvendo adolescentes, por exemplo, Joel Hektner descobriu que cerca de 60% deles relataram a mesma frequência de flow ao longo de um período de uma semana medido com dois anos de intervalo;[3] aqueles que experimentaram uma grande quantidade de flow na primeira medição voltaram a experimentá-la na segunda, e aqueles que experimentaram pouco na primeira repetiram o resultado dois anos depois. Mas os 40% restantes mudaram no mesmo período, metade relatando um flow (medido como experiências com alto grau de desafio e grande exigência de habilidade) significativamente maior e a outra metade, menor. Aqueles cuja frequência de flow aumentou dois anos depois haviam passado mais tempo estudando e menos tempo em lazer passivo, e seus níveis de concentração, autoestima, prazer e interesse eram significativamente maiores do que os dos adolescentes cuja frequência de flow havia caído — por mais que, dois anos antes, ambos os grupos tivessem relatado a mesma qualidade de experiência. É importante notar que os adolescentes cujo flow aumentou não relataram ser "mais felizes" do que aqueles entre os quais o flow havia baixado. No entanto, devido às grandes diferenças nas demais dimensões da experiência, é seguro concluir que a felicidade relatada pelo grupo de baixo grau de flow foi mais superficial e menos autêntica. Isso sugere que de fato é possível melhorar nossa qualidade de vida investindo energia psíquica em atividades que são mais propensas a produzir flow.

Como para a maioria de nós o trabalho é uma parte central da vida, é essencial que essa atividade seja o mais agradável e gratificante possível. No entanto, muitas pessoas têm a sensação de que, desde que recebam um salário decente e alguma segurança, não importa quão chato ou alienante seja o trabalho. Essa postura, porém, equivale a jogar fora quase 40% do tempo que passamos acordados. E como ninguém mais vai se dedicar a garantir que gostemos do nosso trabalho, é preciso que cada um de nós assuma essa responsabilidade.

Normalmente, existem três motivos principais para que os empregos gerem ressentimento.[4] O primeiro é quando o trabalho é inútil — não proporciona bem a ninguém e, inclusive, pode até ser prejudicial. Alguns funcionários públicos, vendedores sob grande pressão e até mesmo cientistas que trabalham em indústrias como a armamentista ou a tabagista precisam de um grau de negação pesado para tolerar o que fazem para ganhar a vida. O segundo é quando o trabalho é chato e repetitivo; não apresenta variação nem desafio. Depois de alguns anos, é possível fazê-lo até dormindo, e tudo o que ele proporciona é uma sensação de estagnação, em vez de crescimento. O terceiro é quando o trabalho é estressante; sobretudo quando não se consegue conviver com o supervisor ou os colegas, que ou esperam demais de você ou não reconhecem o seu valor. Ao contrário do que aprega o senso comum, a preocupação com dinheiro e segurança não costuma ser tão importante quanto esses três motivos quando se trata de determinar se alguém ficará satisfeito ou não com um trabalho.

Mesmo que não queiramos admitir, a capacidade de superar a maioria dos obstáculos está em nossas mãos. Não podemos culpar a família, a sociedade ou a história se temos um emprego sem sentido, monótono ou estressante. É claro que não existe muita alternativa quando percebemos que nosso trabalho é inútil ou efetivamente nocivo. Talvez a única opção seja pedir demissão o mais rápido possível, mesmo à custa de graves complicações financeiras. Em termos do resultado final da vida, é sempre melhor fazer algo que nos permita nos sentir bem do que algo que talvez nos deixe materialmente confortáveis, mas emocionalmente infelizes. Decisões desse tipo são muito difíceis e exigem grande honestidade consigo mesmo.

Os psicólogos Ann Colby e William Damon descreveram uma série de indivíduos que se esforçaram ao máximo para tornar seus trabalhos significativos, pessoas que abandonaram uma existência "normal" para se dedicar a fazer a diferença na vida dos outros.[5] Uma dessas pessoas é Susie Valdez, que vivia trocando de empregos chatos e mal remunerados na Costa Oeste, sem perspectivas de nada melhor. Então, um dia, durante uma visita ao México, ela viu as montanhas de lixo nos arredores de Ciudad Juárez, onde centenas de meninos sem-teto sobreviviam como catadores. Ali, Susie encontrou pessoas ainda mais desesperadas do que ela, e descobriu que tinha o poder de apresentar às crianças uma forma melhor de se viver; assim, construiu uma fundação, abriu uma escola e uma clínica no lugar, e ficou conhecida como a "Rainha do Lixão".

Além de fazer mudanças drásticas, há muitas outras formas de tornar o trabalho mais significativo, agregando valor a ele.[6] Um balconista de supermercado que presta atenção genuína aos clientes, um médico que se preocupa com o bem-estar integral dos pacientes, e não apenas com sintomas específicos, um repórter que dá mais importância à verdade do que ao sensacionalismo ao escrever uma matéria — todos podem transformar um trabalho rotineiro com impactos efêmeros em um trabalho que faz a diferença. Com o aumento da especialização, a maioria das atividades ocupacionais se tornou repetitiva e unidimensional. É difícil elaborar uma visão positiva de si mesmo se tudo o que se faz é abastecer prateleiras de supermercado ou preencher formulários de manhã até a noite. Ao levar em conta todo o contexto da atividade e entender o impacto das próprias ações, um trabalho trivial pode se transformar em uma atividade memorável, que deixa o mundo numa situação melhor do que estava antes.

Assim como todo mundo, eu poderia fazer uma extensa lista de encontros com pessoas que, além de realizarem o próprio trabalho, ajudavam a reduzir a entropia ao redor: um frentista que consertou um limpador de para-brisa com um sorriso e se recusou a ser pago por um esforço tão pequeno; um vendedor de imóveis que continuou sendo prestativo anos depois de ter vendido a casa; um comissário de bordo que não se furtou a permanecer no aeroporto depois que o resto da tripulação foi embora a fim de ajudar a encontrar uma carteira perdida... Em todos esses casos, o valor da atividade do trabalho era maior porque o trabalhador estava disposto a investir nele um pouco mais de energia psíquica, e assim era capaz de extrair um significado adicional. Mas o significado que extraímos de um trabalho não é livre de custos. Como mostram esses exemplos, é preciso pensar e se preocupar para além do que a descrição do trabalho exige. E isso, por sua vez, requer atenção adicional, o recurso mais precioso que temos.

Um argumento semelhante pode ser aplicado para transformar um trabalho que carece de desafio e variedade em um trabalho que satisfaça nossa necessidade de novidade e realização. Aqui também é preciso gastar energia psíquica adicional para colher os benefícios desejados. Sem esforço, um trabalho monótono continuará a ser monótono. A solução básica é bem simples. Envolve prestar bastante atenção a cada etapa envolvida no trabalho e, em seguida, perguntar: Essa etapa é mesmo necessária? Quem precisa dela? Se ela é realmente necessária, pode ser realizada com mais eficiência e rapidez? Quais etapas adicionais podem tornar minha contribuição mais valiosa? Nossa atitude em relação ao trabalho geralmente envolve um grande esforço para tomar atalhos e fazer o mínimo possível. Mas essa é uma estratégia míope. Se uma pessoa empregasse a mesma quantidade de atenção tentando encontrar maneiras de conquistar mais coisas no trabalho, sentiria maior prazer e provavelmente também seria mais bem-sucedida.

Mesmo algumas das descobertas mais importantes acontecem quando o cientista, atento a um processo rotineiro, percebe algo novo e inusitado que precisa de explicação. Wilhelm C. Roentgen descobriu a radiação ao perceber que alguns negativos fotográficos mostravam sinais de exposição mesmo na ausência de luz; Alexander Fleming descobriu a penicilina ao perceber que as culturas bacterianas eram menos densas em placas que não haviam sido limpas e apresentavam mofo; Rosalyn Yalow descobriu a técnica de radioimunoensaio ao perceber que os diabéticos absorviam a insulina mais lentamente do que os pacientes normais, em vez de mais rápido, como se supunha. Em todos esses casos — e os anais da ciência estão cheios de exemplos semelhantes —, um evento monótono se transforma em uma grande descoberta, que muda a forma como vivemos, porque alguém prestou mais atenção a ele do que a situação parecia exigir. Se Arquimedes, ao entrar na banheira, tivesse apenas pensado, "Droga, molhei o chão de novo, o que a minha esposa vai dizer?", a humanidade talvez tivesse tido que esperar mais algumas centenas de anos para entender o princípio do deslocamento de fluidos. Yalow descreve sua própria experiência da seguinte maneira: "Alguma coisa vem à tona, e você percebe que aconteceu". Parece simples, mas em geral estamos distraídos demais para perceber quando algo acontece.

Assim como pequenas mudanças podem resultar em grandes descobertas, pequenos ajustes podem transformar um trabalho rotineiro que detestamos em uma atividade pela qual aguardamos ansiosamente todos os dias. Em primeiro lugar, devemos prestar bastante atenção para entender bem o que está acontecendo e por quê; em segundo, é essencial não aceitar passivamente que o que está acontecendo é a única maneira de executar o trabalho; então é preciso listar alternativas e experimentá-las até encontrar uma forma melhor. Quando funcionários são promovidos a cargos mais desafiadores, em geral é porque seguiram essas etapas em seus empregos anteriores. No entanto, mesmo que ninguém mais perceba, o trabalhador que usa a energia psíquica dessa forma terá uma vida profissional mais prazerosa.

Um dos exemplos mais claros que já vi foi quando fiz uma pesquisa em uma fábrica onde equipamentos audiovisuais eram montados em linha de produção. A maioria dos operários na linha estava entediada e desprezava aquele emprego como algo abaixo de sua capacidade. Então conheci Rico, que tinha uma visão completamente diferente do que fazia. Ele realmente achava que o trabalho era difícil, e que era preciso muita habilidade para executá-lo. No fim das contas, ele tinha razão. Embora ele realizasse o mesmo tipo de tarefa chata que os colegas, havia aprendido a realizá-la com a economia e a elegância de um virtuose. Cerca de quatrocentas vezes por dia uma câmera de vídeo parava em sua estação, e Rico tinha 43 segundos para verificar se o sistema de som estava de acordo com as especificações. Ao longo de vários anos experimentando ferramentas e padrões de movimento, ele conseguiu reduzir o tempo médio necessário para verificar cada câmera para 28 segundos. Estava tão orgulhoso dessa conquista quanto um atleta olímpico estaria se, após o mesmo número de anos de preparação, conseguisse quebrar a marca de 44 segundos na corrida dos quatrocentos metros. Rico não recebeu uma medalha por seu recorde, e a redução do tempo que levava para fazer seu trabalho não melhorou a produção, porque a linha continuava se movendo na mesma velocidade de sempre. Mas ele adorava a alegria de empregar plenamente suas habilidades: "É melhor do que qualquer outra coisa. Muito melhor do que ver televisão". E, por sentir que estava chegando perto de seu limite naquele emprego, ele estava estudando à noite para obter um diploma que lhe abriria novas opções na área de engenharia eletrônica.

Não é surpresa nenhuma que o mesmo tipo de abordagem seja necessário para resolver o problema do estresse no trabalho, já que o estresse dificulta as experiências de flow. No uso comum, a palavra "estresse" se aplica tanto à tensão que sentimos quanto às suas causas externas. Essa ambiguidade leva à suposição equivocada de que o estresse exterior resulta inevitavelmente em desconforto psíquico. Mas aqui, novamente, não existe relação direta entre o objetivo e o subjetivo; o estresse exterior (que, para evitar confusão, podemos chamar de "tensão")[7] não precisa levar a experiências negativas. É verdade que as pessoas se sentem ansiosas quando percebem que os desafios de uma situação estão muito acima de suas capacidades, e querem evitar a ansiedade a todo custo. Mas a percepção de desafios e habilidades depende de uma avaliação subjetiva que é passível de mudança.

Existem tantas fontes de tensão no trabalho quanto na vida em si: crises inesperadas, altas expectativas, problemas insolúveis de todo tipo. Como evitar que eles se tornem estressantes? Um primeiro passo consiste em estabelecer prioridades entre as demandas que se acumulam na consciência. Quanto mais responsabilidades se tem, mais essencial se torna saber o que é de fato importante ou não. Pessoas bem-sucedidas costumam fazer listas ou fluxogramas de todas as tarefas que precisam cumprir, e decidem rapidamente quais delas podem delegar ou deixar para lá, e quais precisam resolver pessoalmente, e em que ordem. Às vezes, essa atividade toma a forma de um ritual, que, como todos os rituais, serve em parte como garantia de que as coisas estão sob controle. John Reed, CEO do Citicorp, dedica um tempo todas as manhãs para definir suas prioridades. "Sou ótimo na elaboração de listas", diz ele. "Tenho vinte listas de coisas para fazer o tempo todo. Se eu tiver cinco minutos de folga, sento e faço listas de coisas com as quais preciso me preocupar." Mas não é preciso ser tão sistemático; algumas pessoas confiam na memória e na experiência e fazem suas escolhas de forma mais intuitiva. O importante é desenvolver uma estratégia para criar algum tipo de ordem. Depois que as prioridades estão definidas, alguns vão encarar primeiro as tarefas mais fáceis da lista, e preparar o terreno para as mais difíceis; outros vão preferir a ordem inversa, porque depois de lidar com os itens mais difíceis, creem que os mais fáceis vão se resolver por si sós. Ambas as estratégias funcionam, mas para pessoas diferentes; o importante é que cada um descubra qual delas se aplica melhor a si mesmo.

Ser capaz de estabelecer uma ordenação entre as várias demandas que se amontoam sobre a consciência ajuda bastante na prevenção do estresse. O passo seguinte é associar as habilidades de cada um com os desafios identificados. Haverá tarefas para as quais nos sentimos incompetentes — elas podem ser delegadas a outra pessoa? É possível aprender as habilidades necessárias a tempo? Há como obter ajuda? A tarefa pode ser transformada ou dividida em partes mais simples? Normalmente, a resposta a uma dessas perguntas oferece uma solução que transforma uma situação potencialmente estressante em uma experiência de flow. Nada disso acontece, no entanto, se a pessoa responde passivamente à tensão, como um coelho paralisado pelos faróis de um carro que se aproxima. É preciso investir atenção na ordenação das tarefas, na análise do que é necessário para concluí-las, nas estratégias de solução. Somente pelo exercício do controle é possível evitar o estresse. E, embora todo mundo tenha a energia psíquica necessária para lidar com a tensão, poucas pessoas aprendem a usá-la de forma eficaz.

As carreiras dos indivíduos criativos oferecem alguns dos melhores exemplos de como é possível moldar o trabalho de acordo com nossas próprias exigências. A maioria das pessoas criativas não segue uma carreira planejada por outros, mas inventa seu trabalho à medida que avança. Os pintores inventam seu próprio estilo de pintura, os compositores seu próprio estilo musical. Os cientistas criativos desenvolvem novos campos da ciência e possibilitam que seus sucessores construam neles uma carreira. Não havia radiologistas antes de Roentgen, e não havia medicina nuclear antes de Yalow e seus colegas pioneiros nesse campo. Não havia trabalhadores automotivos antes que empreendedores como Henry Ford montassem as primeiras linhas de produção. É claro que muito poucas pessoas têm a possibilidade de inaugurar campos de trabalho inteiramente novos; a maioria vai seguir carreiras convencionais. Mas mesmo o trabalho mais repetitivo pode se beneficiar do tipo de energia transformadora que os indivíduos criativos emprestam ao que fazem.

George Klein, biólogo especializado em tumores que comandou um renomado departamento de pesquisa no Instituto Karolinska, em Estocolmo, ilustrou bem como pessoas assim enxergam o próprio trabalho. Klein gostava muito do que fazia, mas havia dois aspectos de seu trabalho que ele odiava. Um deles era ficar à espera nos aeroportos, o que ele tinha que fazer com frequência devido a sua agenda repleta de reuniões internacionais. O outro era preencher os inevitáveis pedidos de financiamento para as agências governamentais que custeavam sua equipe de pesquisa. Essas duas tarefas aborrecidas esgotavam sua energia psíquica e aumentavam sua insatisfação com o trabalho. No entanto, não havia como evitá-las. Então Klein teve um lampejo de inspiração: e se ele combinasse essas duas tarefas? Se pudesse redigir seus pedidos de bolsa enquanto aguardava pelos voos, pouparia metade do tempo anteriormente dedicado a tarefas chatas. Para implementar essa estratégia, ele comprou o melhor gravador portátil que conseguiu encontrar e começou a ditar pedidos de doação enquanto esperava nas filas da imigração nos aeroportos. Esses aspectos de seu trabalho ainda eram, objetivamente, o que eram antes, mas, ao assumir o controle, Klein os transformou quase em uma brincadeira. Depois disso, ditar o máximo possível enquanto esperava passou a ser um desafio, e, em vez de ter a sensação de estar perdendo tempo em uma tarefa chata, ele começou a se sentir revigorado.

Em todo voo comercial, vemos dezenas de homens e mulheres trabalhando em seus laptops, somando colunas de números ou sublinhando artigos técnicos que estão lendo. Isso significa que, como George Klein, eles se sentem revigorados por mesclar viagem e trabalho? Depende: eles se sentem obrigados a fazer isso ou adotaram essa estratégia para poupar tempo e aumentar a eficiência? No primeiro caso, trabalhar no avião provavelmente será estressante, em vez de proporcionar flow. Se não se trata de uma obrigação, talvez seja melhor olhar para as nuvens, ler uma revista ou conversar com outro passageiro.

Além do trabalho, outra grande área que impacta nossa qualidade de vida é o tipo de relacionamentos que temos. E, muitas vezes, há um conflito entre essas duas coisas, de modo que uma pessoa que ama o trabalho pode acabar negligenciando a família e os amigos, e vice-versa. O inventor Jacob Rabinow, ao descrever como a esposa frequentemente se sentia ignorada, ecoou o que dizem todas as pessoas devotadas ao trabalho:

> Estou tão envolvido em uma ideia na qual estou trabalhando, fico tão absorto, que não existe mais ninguém. Não escuto o que ninguém diz. [...] Não presto atenção a ninguém. E acabo por me afastar das pessoas. [...] Talvez, se não fosse inventor,

se tivesse um trabalho rotineiro, eu passasse mais tempo em casa e prestasse mais atenção na família. [...] Talvez seja por isso que as pessoas que não gostam de seus empregos gostem mais de ficar em casa.

Há uma boa dose de verdade nessa observação, e a razão é simples. Dado que a atenção é um recurso limitado, quando uma meta consome toda a nossa energia psíquica, acaba não sobrando nada.

No entanto, é difícil ser feliz se negligenciamos qualquer uma dessas duas dimensões. Muitas pessoas casadas com o trabalho estão cientes disso, e encontram formas de compensar as coisas escolhendo um cônjuge compreensivo ou tomando muito cuidado ao dividir sua atenção. Linus Pauling foi muito aberto sobre essa questão:

> Acho que tive sorte, porque minha esposa acreditava que seu dever e seu prazer na vida vinham do cuidado com a família — o marido e os filhos —, e que a melhor forma de dar sua contribuição seria cuidar para que eu não tivesse que me incomodar com as questões da casa; ela resolvia todos esses problemas para que eu pudesse dedicar todo o meu tempo ao trabalho.

Mas poucas pessoas — e principalmente poucas mulheres — podem se considerar tão sortudas quanto Pauling a esse respeito.

Um caminho mais realista é encontrar um modo de equilibrar o sentido das recompensas que obtemos do trabalho e dos relacionamentos. Porque, apesar de quase todo mundo afirmar que a família é a preocupação mais importante em suas vidas, poucas pessoas — especialmente poucos homens — se comportam como se esse fosse o caso. Não há dúvida de que a maioria dos homens casados acredita dedicar a vida à família, e do ponto de vista material isso pode ser verdade. Mas é preciso mais do que comida na despensa e dois carros na garagem para manter uma família. Um grupo de pessoas se mantém unido por dois tipos de energia: a energia material fornecida por alimentos, calor, cuidados físicos e dinheiro; e a energia psíquica daqueles que investem atenção nas metas uns dos outros. Se pais e filhos não compartilharem ideias, emoções, atividades, memórias e sonhos, seu relacionamento sobreviverá apenas porque satisfaz necessidades materiais. Como entidade psíquica, existirá apenas no nível mais rudimentar.

Surpreendentemente, muitas pessoas se recusam a enxergar isso. A postura mais comum parece ser a de que, contanto que as necessidades materiais estejam supridas, a família será capaz de cuidar de si mesma; será um refúgio acolhedor, harmonioso e eterno em um mundo frio e perigoso. É muito comum encontrar homens bem-sucedidos na casa dos quarenta ou cinquenta anos que ficam atordoados quando suas esposas vão embora de repente ou seus filhos se metem em sérios apuros. Eles não amaram sempre a família? Não investiram toda a sua energia para fazê-la feliz? É verdade que nunca tinham mais do que alguns minutos por dia para conversar, mas como poderiam ter feito diferente, com todas as demandas do trabalho...

Uma suposição comum que fazemos é que alcançar o sucesso na carreira requer um investimento grande e contínuo em termos intelectuais e de energia. As relações familiares, ao contrário, são "naturais", então exigem pouco esforço mental. Um cônjuge continuará a ser solidário, os filhos continuarão a cuidar dos pais — mais ou menos —, porque é assim que as famílias devem ser. Os empresários sabem que mesmo o empreendimento mais bem-sucedido requer atenção constante, pois as condições externas e internas estão sempre mudando e demandam ajustes. A entropia é um fator constante, e, se não for considerada, a empresa se dissolverá. No entanto, muitos deles presumem que as famílias são de alguma forma diferentes — que a entropia não tem como atingi-las e, portanto, que elas são imunes à mudança.

Havia algum fundamento para essa crença quando as famílias mantinham-se unidas por laços externos de controle social e por laços internos de compromisso religioso ou ético. As obrigações contratuais têm a vantagem de fazer com que as relações sejam previsíveis e de economizar energia ao excluir opções e a necessidade de negociação constante. Quando o casamento tinha de ser para sempre, não era preciso um esforço constante para mantê-lo. Agora que a integridade da família se tornou uma questão de escolha pessoal, ela só pode sobreviver pelo investimento regular de energia psíquica.

O novo tipo de família é muito vulnerável, a menos que possa fornecer recompensas intrínsecas a seus membros. Quando a interação familiar proporciona flow, a manutenção do relacionamento é do interesse de todos. No entanto, como as famílias são vistas como algo garantido, poucas pessoas aprendem a transformar os velhos laços que as uniam devido a obrigações externas em novos laços que se mantêm por conta do prazer que proporcionam. Quando os pais chegam em casa exaustos do trabalho, esperam que estar com a família seja uma experiência sem esforço, relaxante e revigorante. Mas encontrar o flow nas relações familiares exige tanta habilidade quanto em qualquer outra atividade complexa.

O autor canadense Robertson Davies descreve uma das razões pelas quais seu casamento de 54 anos foi tão gratificante:

> Shakespeare desempenhou um papel extraordinário em nosso casamento como fonte de citações, piadas e referências insondáveis. Sinto que tenho uma sorte incomum por termos passado tantos bons momentos juntos. Sempre foi uma aventura, e ainda não chegamos ao fim. Nunca ficamos sem assunto, e juro que a conversa é mais importante para o casamento do que o sexo.

Para Davies e sua esposa, a habilidade que tornou o flow conjunto possível foi o conhecimento e o amor dos dois pela literatura. Mas é possível substituir Shakespeare por quase qualquer coisa. Um casal de sessenta anos ressuscitou seu relacionamento começando a correr maratonas juntos; outros fizeram a mesma coisa por meio de viagens, jardinagem ou criação de cães. Quando as pessoas prestam atenção umas às outras, ou à mesma atividade juntas, as chances de que o flow conecte a família aumentam.

Ter filhos é supostamente uma das experiências mais gratificantes da vida; mas isso não acontece a menos que a experiência seja abordada com a mesma atenção que costuma ser dedicada a um esporte ou a uma expressão artística. Em um estudo do flow na maternidade, Maria Allison e Margaret Carlisle Duncan deram vários exemplos de como a energia psíquica investida na criação de um filho pode proporcionar prazer. Aqui, uma mãe descreve os momentos em que atinge o flow:

> [...] quando estou trabalhando com a minha filha; quando ela está descobrindo algo novo. Uma nova receita de biscoito que ela mesma preparou, um trabalho artístico que ela fez e que a deixou orgulhosa. Ela gosta muito de ler, e nós lemos juntas. Ela lê para mim, eu leio para ela, e esse é um momento em que eu meio que perco o contato com o resto do mundo, em que estou totalmente absorta no que estou fazendo.[8]

Para experimentar esses prazeres simples da criação dos filhos é preciso prestar atenção, saber aquilo que deixa a criança "orgulhosa", do que ela "gosta muito"; a partir daí, é preciso dedicar ainda mais atenção para compartilhar essas atividades com ela. Somente quando existe harmonia entre as metas de todos os envolvidos, quando todo mundo investe energia psíquica em uma meta comum, o convívio se torna prazeroso.

O mesmo vale para qualquer outro tipo de interação. Por exemplo, quando temos motivos para pensar que somos reconhecidos, a satisfação no trabalho costuma ser alta, ao passo que a maior fonte de estresse no emprego é a sensação de que ninguém está interessado em apoiar nossas metas. Brigas internas entre colegas, falta de habilidade na comunicação com superiores e/ou subordinados são a desgraça na maioria dos casos. Muitas vezes, as raízes do conflito interpessoal são uma preocupação excessiva com si mesmo e uma incapacidade de prestar atenção às necessidades alheias. É triste ver como inúmeras vezes as pessoas estragam um relacionamento porque não percebem que poderiam servir melhor a seus próprios interesses ajudando os outros a alcançar os deles.

Na cultura corporativa norte-americana, o herói é uma pessoa implacável e competitiva com um ego enorme. Infelizmente, alguns dos principais empreendedores e CEOs fazem jus a essa imagem. No entanto, também é reconfortante ver que o egoísmo agressivo não é o único caminho para o sucesso. Na verdade, na maioria das empresas estáveis e bem-administradas, os líderes tentam promover subordinados que invistam sua energia psíquica não apenas no autodesenvolvimento, mas na consecução das metas corporativas. Eles sabem que, se a diretoria for composta apenas por egoístas gananciosos, a empresa acabará por sofrer as consequências.

Keith é um dos muitos gerentes que conheci que passaram uma década ou mais tentando desesperadamente impressionar os superiores para conseguir uma promoção. Ele trabalhava setenta horas ou mais por semana, mesmo quando sabia que não era necessário, negligenciando a família e o próprio crescimento pessoal nesse processo. Para aumentar sua vantagem competitiva, Keith reclamava todo o crédito que podia por suas realizações, mesmo que isso fizesse colegas e subordinados serem malvistos. Entretanto, apesar de todos os seus esforços, ele continuou sendo preterido para promoções importantes. Por fim, se resignou com o fato de ter atingido o teto de sua carreira e decidiu buscar recompensas em outro lugar. Começou a passar mais tempo com a família, adotou um hobby, se envolveu em atividades comunitárias. Como não estava mais se esforçando tanto, sua postura no trabalho ficou mais relaxada, menos egoísta, mais objetiva. Inclusive, ele passou a agir mais como um líder cuja agenda particular fica em segundo plano em relação ao bem-estar da empresa. Aí, sim, o gerente-geral ficou impressionado. Aquele era o tipo de pessoa de que eles precisavam no comando. Keith foi promovido pouco depois de abandonar sua ambição. O caso dele não é raridade: para que sejamos merecedores de uma posição de liderança, promover as metas dos outros ajuda tanto quanto promover as nossas próprias.

Boas relações no trabalho são importantes, mas a qualidade de vida depende também de inúmeras interações com pessoas alheias a ele. Isso não é tão simples quanto parece: cada vez que paramos para falar com alguém, isso consome um pouco de nossa energia psíquica, e ficamos vulneráveis a ser ignorados, ridicularizados ou explorados. A maioria das culturas desenvolve seus próprios padrões para estimular a interação social. Em grupos onde o parentesco é o princípio de organização predominante, pode ser natural fazer brincadeiras com as suas cunhadas, mas jamais se dirigir a sua sogra. Em sociedades hierárquicas tradicionais como a da China Antiga, formas complexas de saudação e fórmulas convencionais de conversa asseguravam que as pessoas se comunicassem sem perder tempo pensando no que dizer e em como dizer. Os norte-americanos aperfeiçoaram uma forma de conversa fácil que se adapta à natureza móvel e democrática de nossa sociedade; nossa cordialidade superficial, no entanto, é tão protocolar quanto a de uma tribo africana. Para se ganhar algo conversando com uma pessoa, é preciso aprender algo novo, seja em termos intelectuais ou emocionais. Isso exige que os interlocutores se concentrem na interação, o que, por sua vez, demanda uma energia psíquica que geralmente não estamos dispostos a investir. No entanto, um genuíno flow obtido a partir de uma conversa é um dos pontos altos de nossa existência.

O segredo para dar início a uma boa conversa é na verdade muito simples. O primeiro passo é descobrir quais são as metas da outra pessoa: no que ela está interessada no momento? Com o que está envolvida? O que concretizou, ou está tentando concretizar? Se valer a pena desenvolver alguma dessas questões, o passo seguinte é utilizar a própria experiência ou conhecimento sobre os temas abordados pela outra pessoa — sem tentar assumir a dianteira da conversa, mas sim avançando lado a lado. Uma boa conversa é como uma *jam session* de jazz, onde se começa com elementos convencionais, aos quais depois se introduzem variações espontâneas, que dão origem a uma composição nova e instigante.

Se o trabalho e os relacionamentos forem capazes de proporcionar flow, nossa qualidade de vida irá, sem dúvida, melhorar. Mas não existem truques nem atalhos. É preciso um comprometimento total em viver a vida plenamente, sem deixar de explorar nenhuma oportunidade ou negligenciar nenhum potencial, pois só assim a plenitude poderá ser alcançada. A organização do self que torna isso possível é o tema do próximo capítulo.

8. A personalidade autotélica

Em circunstâncias normais, vale mais a pena viver uma vida repleta de atividades complexas de flow do que uma em que consumimos apenas entretenimento passivo. Uma mulher assim descreveu o que a carreira significa para ela: "Estar totalmente absorta no que se está fazendo e se divertir tanto que não dá vontade de fazer mais nada. Não vejo como as pessoas conseguem sobreviver sem experimentar algo assim".[1] Ou, como disse o historiador C. Vann Woodward sobre seu trabalho, no qual tenta compreender a dinâmica do Sul dos Estados Unidos:

> O assunto me interessa. É uma fonte de satisfação conquistar algo que julgamos importante. Sem essa consciência ou motivação, acho que a vida pode ser bastante monótona e sem propósito, e eu não gostaria de viver uma vida assim, uma vida de lazer completo, de não se ter absolutamente nada para fazer que pareça valer a pena; acho que essa seria uma situação extremamente desesperadora.

Quando somos capazes de encarar a vida com tamanho envolvimento e entusiasmo, podemos dizer que alcançamos uma personalidade autotélica.

"Autotélica" é uma palavra composta de duas raízes gregas: *auto* (próprio) e *telos* (objetivo). Uma atividade autotélica é aquela que fazemos por si mesma, porque experimentá-la é o objetivo principal. Por exemplo, se eu jogasse uma partida de xadrez essencialmente para aproveitá-la, ela seria uma experiência autotélica para mim; ao passo que, se eu a jogasse por dinheiro, ou para conquistar uma posição competitiva no universo do xadrez, ela seria primordialmente exotélica, isto é, motivada por uma meta externa. Aplicado à personalidade, o termo autotélico denota o indivíduo que costuma fazer as coisas por si mesmo, não para alcançar algum objetivo externo.

Claro que ninguém é cem por cento autotélico, porque todos nós temos que fazer coisas de que não gostamos, seja por senso de dever ou por necessidade. Mas existe uma gradação, que vai desde os indivíduos que quase nunca têm a sensação de que o que fazem vale a pena ser feito por si só até os que têm a sensação de que quase tudo o que fazem é por si só importante e valioso. É a este último tipo de indivíduo que se aplica o termo autotélico.

As pessoas autotélicas precisam de poucos bens materiais e de pouco entretenimento, conforto, poder ou fama, porque muito do que fazem já é recompensador. Como experimentam o flow no trabalho, na vida familiar, ao interagir com os outros, ao comer e mesmo quando estão sozinhas sem nada para fazer, elas são menos dependentes das recompensas externas que mantêm os outros motivados a seguir com uma vida marcada por uma rotina entediante e sem sentido. São mais autônomas e independentes, porque não podem ser facilmente manipuladas por ameaças ou recompensas externas. Ao mesmo tempo, estão mais envolvidas com tudo ao seu redor, porque são totalmente imersas no ritmo da vida.

Mas como saber se uma pessoa é autotélica? O melhor método é observá--la por bastante tempo, em diferentes situações. Um "teste" rápido do tipo que os psicólogos usam não é muito apropriado, em parte porque o flow é uma experiência tão subjetiva que seria relativamente fácil para uma pessoa falsificar suas respostas. Uma entrevista ou questionário mais extenso pode ajudar, mas prefiro usar uma medição mais indireta. De acordo com a teoria, as pessoas devem estar em flow quando enxergam como elevados tanto os desafios quanto a exigência de habilidade em uma determinada situação. Assim, uma forma de medir o nível de autotelismo de uma pessoa é computar a frequência com que ela relata estar em uma situação de alto grau de desafio e de grande exigência de habilidade ao longo de uma semana de monitoramento com o MAE. Descobrimos que existem pessoas que relatam estar nessa situação mais de 70% do tempo, e outras menos de 10%. Presumimos que as primeiras sejam mais autotélicas.

Usando esse método, podemos ver o que distingue as pessoas cujas experiências são principalmente autotélicas daquelas que raras vezes experimentam esse estado. Em um estudo realizado com um grupo de duzentos adolescentes bastante talentosos, destacamos dois grupos: os cinquenta cuja frequência de situações de alto grau de desafio e grande exigência de habilidade durante a semana estava no quartil superior (o grupo "autotélico") e os cinquenta que estavam no quartil inferior (o grupo "não autotélico"). Em seguida, nos fizemos a seguinte pergunta: esses dois grupos de adolescentes estão usando seu tempo de maneiras diferentes? Os contrastes mais significativos entre os dois grupos são mostrados nas figuras 4.1 e 4.2. Cada adolescente autotélico gastou em média 11% do tempo acordado estudando, 5% a mais do que os adolescentes do outro grupo. Como cada ponto percentual equivale a aproximadamente uma hora, podemos dizer que em uma semana os adolescentes autotélicos passaram onze horas estudando, enquanto os outros passaram seis.

FIGURA 4.1
Percentual de tempo dedicado a atividades diversas por adolescentes autotélicos

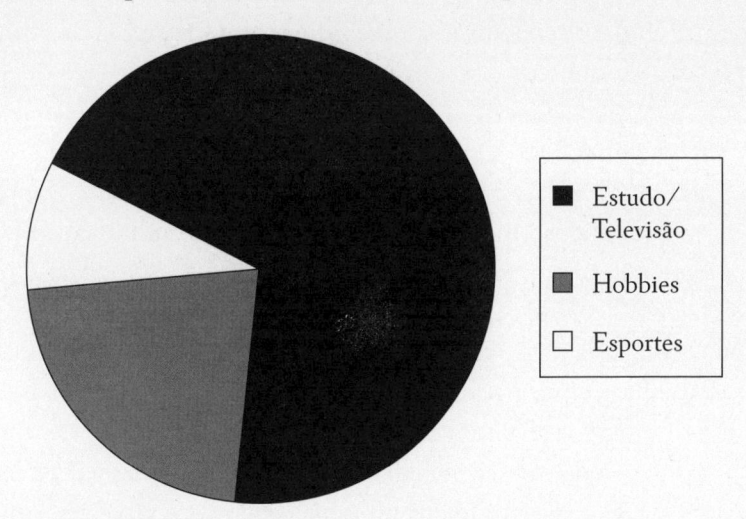

FONTE: Adaptado de Adlai-Gail (1994).

FIGURA 4.2
Percentual de tempo dedicado a atividades diversas por adolescentes não autotélicos

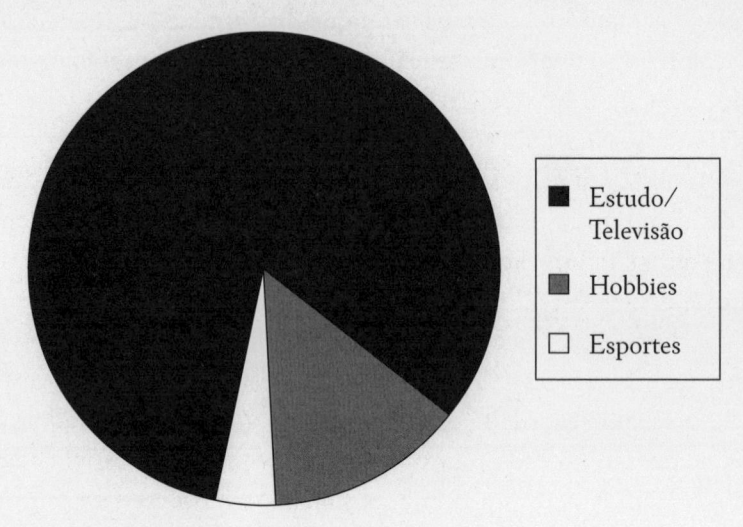

- Estudo/Televisão
- Hobbies
- Esportes

FONTE: Adaptado de Adlai-Gail (1994).

As outras diferenças envolvem os hobbies, aos quais o primeiro grupo dedicou quase o dobro de tempo (6% contra 3,5%), e a prática de esportes (2,5% contra 1%). A única inversão é em termos do tempo gasto vendo televisão: os não autotélicos dedicavam-se a essa atividade quase duas vezes mais que os autotélicos (15,2% contra 8,5%). Resultados muito semelhantes e igualmente significativos foram encontrados em um estudo posterior com uma amostra representativa de adolescentes norte-americanos, onde 202 adolescentes autotélicos foram comparados a 202 não autotélicos. Fica claro que uma dimensão importante do que significa ser autotélico tem a ver com o que se faz com o tempo. O lazer passivo e o entretenimento não oferecem muitas oportunidades de exercitar habilidades. Aprendemos a experimentar o flow ao nos dedicarmos a atividades que costumam proporcioná-lo com mais frequência, que são o trabalho intelectual e o lazer ativo.

Mas a qualidade da experiência dos jovens autotélicos é melhor do que a de seus pares? Afinal, o fato de fazerem mais coisas desafiadoras é em parte verdade por definição, visto que definimos o ser autotélico como aquele que está com frequência diante de situações desafiadoras. A verdadeira questão é se estar frequentemente em situações que proporcionam flow melhora de fato a experiência subjetiva. A resposta é sim. Para ilustrar os resultados, a figura 5.1 apresenta as respostas médias semanais dos dois grupos de 202 adolescentes, autotélicos e não autotélicos, representativos da população do ensino médio nos Estados Unidos, ao exercerem atividades acadêmicas ou remuneradas. Os resultados mostram que, quando se trata de atividades produtivas, o primeiro grupo concentra-se significativamente mais, tem uma autoestima significativamente maior e percebe o que faz como muito mais importante para suas metas futuras. No entanto, os dois grupos não são significativamente diferentes em termos de prazer ou felicidade.

FIGURA 5.1

Qualidade da experiência ao longo de uma semana de monitoramento com o MAE de 202 adolescentes autotélicos e 202 não autotélicos envolvidos em atividades produtivas

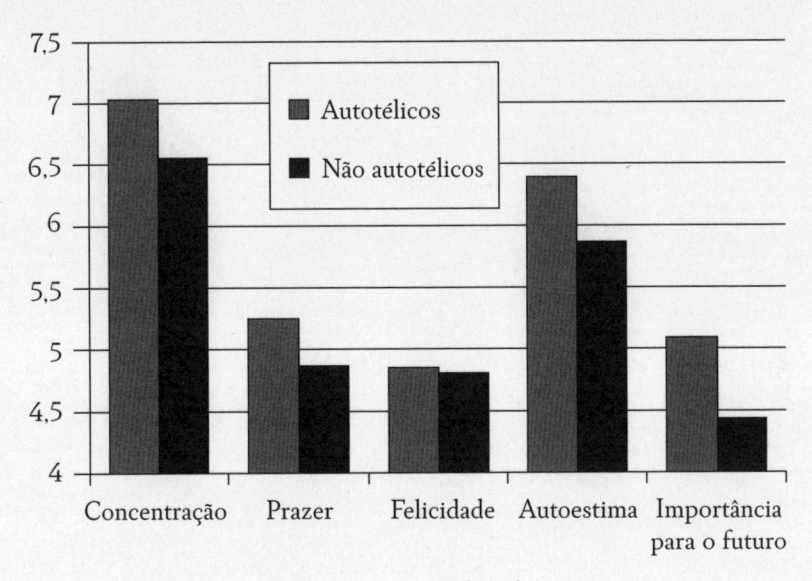

FONTE: Adaptado de Hektner (1996) e Bidwell et al. (1997).

FIGURA 5.2

Qualidade da experiência ao longo de uma semana de monitoramento com o MAE de 202 adolescentes autotélicos e 202 não autotélicos envolvidos em atividades de lazer ativo

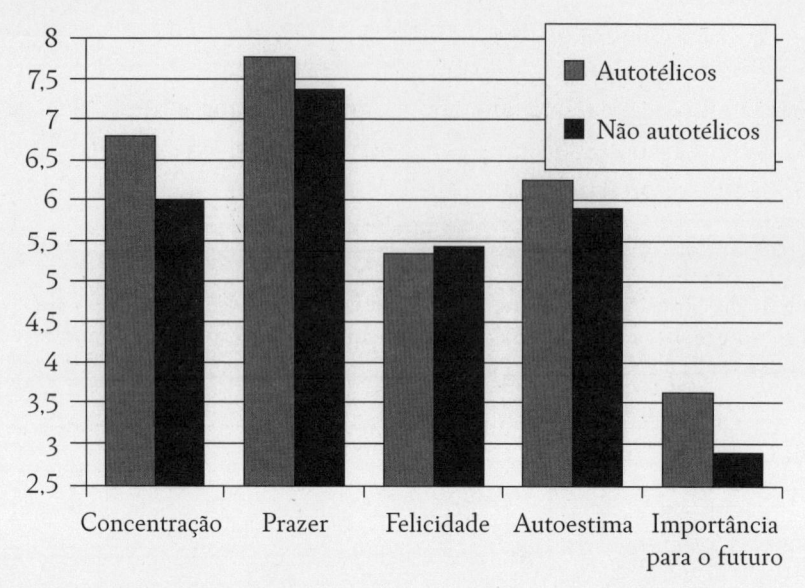

FONTE: Adaptado de Hektner (1996) e Bidwell et al. (1997).

E quanto à qualidade da experiência no lazer ativo? A figura 5.2 mostra o padrão das diferenças. Em primeiro lugar, como seria de esperar, durante o lazer todos os adolescentes relatam maior prazer e felicidade do que nas atividades produtivas; no entanto, eles se concentram menos e têm a sensação de que o que estão fazendo é menos importante para suas metas futuras. As comparações entre os grupos, com exceção do grau de felicidade, são todas estatisticamente significativas. Os jovens autotélicos se concentram mais, se divertem mais, têm maior autoestima e enxergam o que fazem como mais pertinente a suas metas futuras. Tudo isso se encaixa no esperado, exceto por uma coisa. Por que eles não são mais felizes?

O que aprendi em décadas de pesquisa com o MAE é que a felicidade autorrelatada não é um indicador muito preciso da qualidade de vida de uma pessoa. Algumas dizem que são "felizes" mesmo quando não gostam do emprego que têm, quando sua vida doméstica é nula, quando dedicam todo seu tempo a atividades sem sentido. Somos criaturas resilientes e, ao que parece, capazes de evitar a tristeza mesmo quando todas as condições apontam para o contrário. Se não pudermos dizer que somos pelo menos um pouco felizes, que sentido faz seguir em frente? As pessoas autotélicas não são necessariamente mais felizes, mas estão envolvidas em atividades mais complexas e, por conta disso, sentem-se melhor consigo mesmas. Não basta ser feliz para ter uma vida plena. O objetivo é ser feliz enquanto fazemos coisas que desenvolvem nossas habilidades, que nos ajudam a crescer e aproveitar ao máximo nosso potencial. Isso é especialmente verdadeiro nos primeiros anos: é muito difícil que um adolescente que se sente feliz em não fazer se torne um adulto feliz.

Outro achado interessante é que o grupo autotélico dedica uma quantidade significativamente maior de tempo interagindo com a família — na ordem de quatro horas por semana — em comparação aos demais. Isso começa a explicar por que aprendem a gostar mais daquilo que fazem. A família parece atuar como um ambiente protetor, onde a criança pode experimentar em relativa segurança, sem precisar estar alerta e se preocupar em ser defensiva ou competitiva. A educação infantil norte-americana enfatiza a independência precoce como meta central: quanto mais cedo os adolescentes se afastam dos pais, emocional e fisicamente, mais cedo deveriam amadurecer. Mas a maturidade precoce não é algo tão bom assim. Deixados à própria sorte cedo demais, os jovens podem facilmente se tornar inseguros e defensivos. Poderíamos argumentar, na verdade, que quanto maior a complexidade do mundo adulto no qual terão que encontrar seu espaço, mais longo será o período de dependência de que precisam para se preparar. É claro que essa "neotenia social"[2] só funciona se a família for uma unidade relativamente complexa que proporciona não só estímulo como apoio; não ajuda em nada uma criança ser dependente de uma família disfuncional.

Se existe uma característica que distingue os indivíduos autotélicos, é que a sua energia psíquica parece inesgotável. Mesmo que não tenham maior capacidade de atenção do que as outras pessoas, eles prestam mais atenção ao que acontece ao redor, são mais perceptivos e estão dispostos a investir mais atenção nas coisas por si mesmas sem esperar retorno imediato. A maioria de nós gerencia a atenção com cuidado, dedicando-a apenas a coisas sérias, que importam; só nos interessamos por aquilo que promove o nosso bem-estar. Os objetos mais dignos de nossa energia psíquica somos nós mesmos e as pessoas e coisas que nos darão alguma vantagem material ou emocional. O resultado é que não nos sobra muita atenção para participar do mundo em seus próprios termos, para nos surpreendermos, para aprendermos coisas novas, para termos empatia, para crescermos além dos limites estabelecidos pelo nosso egocentrismo.

As pessoas autotélicas estão menos preocupadas consigo mesmas e, portanto, têm mais energia psíquica à disposição para viver a vida. Kelly, uma das adolescentes do nosso estudo que geralmente relata alto grau de desafio e grande exigência de habilidade em seus formulários MAE, difere dos colegas de turma porque não está pensando a maior parte do tempo em namorar, fazer compras no shopping ou tirar boas notas. Em vez disso, é fascinada por mitologia e se autodenomina uma estudiosa da cultura celta. Ela trabalha em um museu três tardes por semana, ajudando a catalogar e arquivar objetos. Gosta até mesmo dos aspectos mais rotineiros de seu trabalho, como "guardar tudo em cubículos e coisas do tipo", além de estar atenta ao que acontece ao seu redor e aprender com isso. Ao mesmo tempo, aprecia a companhia dos amigos, com quem tem longos debates sobre religião e sobre o que fazer da vida depois da escola. Isso não significa que ela seja altruísta nem modesta. Seus interesses continuam a ser expressões de sua individualidade, mas ela parece se importar genuinamente com as coisas que faz, ao menos em parte, pelo que são.

Indivíduos criativos também costumam ser autotélicos, e muitas vezes conquistam seus êxitos porque têm energia psíquica de sobra para investir em objetos aparentemente triviais. A neuropsicóloga Brenda Milner descreve sua postura em relação ao trabalho, que é compartilhada por outros cientistas e artistas no topo de suas áreas: "Eu diria que sou imparcial quanto ao que é importante ou incrível, porque cada nova descoberta, mesmo minúscula, é emocionante no momento em que acontece". A historiadora Natalie Davis explica como escolhe os problemas nos quais trabalha: "Bem, eu apenas fico realmente curiosa sobre algum problema. Não consigo me desvencilhar dele. [...] Na hora, ele me parece absurdamente interessante. [...] Eu não saberia dizer qual é o meu interesse pessoal nele, além da minha curiosidade e do meu prazer".

O inventor Frank Offner, que, aos 81 anos, depois de aperfeiçoar motores a jato e aparelhos de eletroencefalograma, começou a estudar a fisiologia das células ciliadas, dá um exemplo perfeito da humildade dos indivíduos autotélicos diante dos mistérios da vida, mesmo os aparentemente mais insignificantes:

Ah, eu adoro resolver problemas. Pode ser por que a nossa lava-louça parou de funcionar, ou por que o carro pifou, ou como funciona o sistema nervoso, ou qualquer coisa. Agora estou trabalhando com o Peter para entender como funcionam as células ciliadas, e é tão interessante. [...] Não importa que tipo de problema seja. Se eu puder resolvê-lo, é divertido. É realmente muito divertido resolver problemas, não? Não é isso que é interessante na vida?

As palavras de Offner também sugerem que o interesse de uma pessoa autotélica não é inteiramente passivo e contemplativo. Ele envolve também uma tentativa de compreender, ou, no caso do inventor, de solucionar problemas. O importante é que o interesse seja *desinteressado*; em outras palavras, que não esteja inteiramente a serviço de um projeto individual. Somente quando a atenção, até certo ponto, está livre de metas e ambições pessoais é que temos a oportunidade de entrar em contato com a realidade em seus próprios termos.

Algumas pessoas parecem ter tido esse excedente de atenção à disposição muito cedo na vida, e o empregaram para questionar tudo ao seu alcance. O inventor Jacob Rabinow viu um automóvel pela primeira vez aos sete anos, quando vivia em uma cidadezinha na China. Ele se lembra de ter se enfiado debaixo do carro na mesma hora, para ver como o motor fazia as rodas girarem, e de voltar para casa logo depois a fim de esculpir em madeira o diferencial e o mecanismo de transmissão. Linus Pauling descreve sua infância da forma distinta dos indivíduos criativos:

Quando eu tinha onze anos, bem, eu gostava de ler. E li muitos livros [...]. Ao completar nove anos, [eu] já tinha lido a *Bíblia* e *A origem das espécies*, de Darwin. E [...] aos doze anos, quando tive aulas de História Antiga no primeiro ano do ensino médio, gostei tanto de um dos livros didáticos que nas primeiras semanas já tinha lido o livro todo, e comecei a procurar novos materiais sobre a Antiguidade. Quando eu tinha onze anos, comecei a colecionar insetos e a ler livros de entomologia. Aos doze anos, passei a colecionar minerais. Encontrei algumas ágatas — foi tudo o que consegui encontrar e reconhecer no vale do Willamette —, mas li livros sobre mineralogia e copiei tabelas de propriedades, dureza, cor, listras e outras características dos minerais. E então, quando estava com treze anos, me interessei por química. Fiquei muito empolgado quando percebi que os químicos podiam converter algumas substâncias em outras com propriedades bem diferentes. [...] Hidrogênio e oxigênio, em estado gasoso, formavam água. Sódio e cloro, cloreto de sódio. Eram substâncias finais bastante diferentes dos elementos que se combinavam para formá-las. Desde então passei boa parte do meu tempo tentando entender melhor a química. E isso, no fundo, significa entender o mundo, a natureza do universo.

É importante notar que Pauling não era uma criança-prodígio que surpreendia os mais velhos com brilhantismo intelectual. Ele correu atrás de seus interesses por conta própria, sem reconhecimento e com pouco incentivo. O que o levou a uma vida longa e produtiva foi a determinação de participar o mais plenamente possível da vida ao seu redor. Hazel Henderson, que dedicou a vida adulta a fundar organizações para a proteção do meio ambiente, como a Citizens for Clean Air, descreve vividamente a postura de animada curiosidade que as pessoas autotélicas compartilham:

Quando eu tinha cinco anos... sabe quando você abre os olhos, olha ao redor e diz: "Uau, mas que viagem incrível! O que está acontecendo? Qual é o meu papel aqui?". Eu me fiz essa pergunta pela vida inteira. E adoro isso! Faz com que todos os dias sejam muito revigorantes. [...] E então, todas as manhãs, você acorda e é como o despertar da criação.

Mas nem todo mundo tem a sorte de contar com tanta energia psíquica livre quanto Pauling ou Henderson. A maioria de nós aprendeu a economizar atenção para lidar com as demandas imediatas da vida, e tem pouco dela de sobra para se interessar pela natureza do universo, o nosso lugar no cosmos ou qualquer outra coisa que não possa constar imediatamente como um ganho em nosso "balanço fiscal" de metas. No entanto, sem o interesse desinteressado, a vida é desinteressante. Não há espaço para a admiração, a novidade, a surpresa, para transcender os limites impostos por nossos medos e preconceitos. Se uma pessoa não conseguiu desenvolver curiosidade e interesse nos primeiros anos, é uma boa ideia adquiri-los agora, antes que seja tarde demais para melhorar a qualidade de vida.

Fazer isso é bem fácil na teoria, mas muito mais difícil na prática. No entanto, com certeza vale a pena tentar. O primeiro passo é desenvolver o hábito de fazer tudo o que precisa ser feito com atenção concentrada, com habilidade, e não por inércia. Mesmo as tarefas mais banais, como lavar a louça, se vestir ou aparar a grama se tornam mais gratificantes se as abordarmos com o cuidado necessário à execução de uma obra de arte. O passo seguinte é transferir um pouco da energia psíquica que gastamos todos os dias com tarefas que não gostamos de fazer, ou com lazer passivo, para algo que nunca fizemos antes, ou algo que gostamos de fazer, mas não fazemos com frequência suficiente porque parecem dar muito trabalho. Existem milhões de coisas potencialmente interessantes no mundo para serem vistas, feitas, aprendidas. Mas elas não se tornam interessantes de verdade se não dedicarmos atenção a elas.

Muitas pessoas vão dizer que esse conselho é inútil, porque já têm tantas demandas consumindo seu tempo que definitivamente não podem se dar ao luxo de fazer algo novo ou interessante. O estresse relacionado ao tempo se tornou uma das queixas mais comuns da nossa época. Mas, na maioria das vezes, trata-se de uma desculpa para não assumirmos o controle de nossas vidas. Quantas das coisas que fazemos são realmente necessárias? Quantas demandas poderiam ser reduzidas se colocássemos alguma energia em estabelecer prioridades, organizar e simplificar tarefas que hoje desperdiçam nossa atenção? O fato é que, se deixarmos o tempo escorrer por entre os dedos, em breve não teremos mais tempo nenhum. Precisamos aprender a administrá-lo com cuidado, não tanto para obter riqueza e segurança em algum futuro distante, mas para aproveitar a vida aqui e agora.

Tempo é o que precisamos encontrar para desenvolver o interesse e a curiosidade de aproveitar a vida por si só. O outro recurso igualmente importante é a capacidade de administrar a energia psíquica.[3] Em vez de esperar que um estímulo ou um desafio externo capture a nossa atenção, devemos aprender a aplicá-la mais ou menos à nossa vontade. Essa habilidade está relacionada ao interesse por meio de um ciclo vicioso, de causa e reforço mútuos. Se você se interessar por alguma coisa, vai se concentrar nela, e, se concentrar sua atenção em alguma coisa, é provável que se interesse por ela.

Muitas das coisas que achamos interessantes não são interessantes por natureza, mas porque nos demos o trabalho de prestar atenção nelas. Até que você comece a colecioná-los, insetos e minerais não são muito atraentes — assim como a maioria das pessoas, até que descobrimos um pouco sobre suas vidas e suas ideias. Correr maratonas ou escalar montanhas, jogar bridge ou ler as peças de Racine são coisas muito chatas, exceto para aqueles que investiram atenção suficiente para perceber sua intrincada complexidade. À medida que nos concentramos em qualquer fragmento da realidade, abre-se um leque potencialmente infinito de oportunidades de ação — física, mental ou emocional — com as quais nossas habilidades podem se envolver. Não há desculpa para nos sentirmos entediados.

Controlar a atenção significa controlar a experiência e, portanto, a qualidade de vida. A informação atinge a consciência apenas quando prestamos atenção a ela. A atenção atua como um filtro entre eventos externos e a experiência que temos deles. A quantidade de estresse que experimentamos depende mais da nossa aptidão em controlar a atenção do que daquilo que nos acontece. O efeito da dor física, de um prejuízo financeiro, de um revés social depende de quanta atenção damos a eles, de quanto espaço permitimos que ocupem em nossa consciência. Quanto mais energia psíquica investimos em um evento doloroso, mais real ele se torna, e mais entropia introduz na consciência. Negar, reprimir ou desvirtuar esses eventos também não é a solução, porque a informação continuará latente nas profundezas da mente, sugando nossa energia psíquica no esforço de evitar que eles se espalhem. É melhor olhar o sofrimento diretamente nos olhos, admitir e respeitar sua existência, e então transferir nossa atenção o mais rápido possível para as coisas que escolhemos.

Em um estudo com pessoas que ficaram seriamente incapacitadas — cegas ou paraplégicas — por conta de doenças ou acidentes, o professor Fausto Massimini e sua equipe descobriram que várias delas se adaptaram de maneira notável à tragédia e afirmaram que suas vidas haviam melhorado como resultado da deficiência.[4] O que distingue esses indivíduos é que eles decidiram dominar a limitação utilizando sua energia psíquica com uma disciplina sem precedentes. Aprenderam a extrair flow das habilidades mais simples, como se vestir, andar pela casa e dirigir. Aqueles que se saíram melhor foram muito além de apenas renegociar as tarefas básicas do dia a dia. Um se tornou instrutor de natação, outros se tornaram contadores, disputaram torneios de xadrez e competições de natação ao redor do mundo, ou se tornaram campeões de arco e flecha sobre cadeira de rodas.

A mesma capacidade de transformar uma situação trágica em algo no mínimo tolerável é demonstrada por vítimas de terrorismo que sobreviveram ao confinamento solitário ou por prisioneiros de campos de concentração. Nessas condições, o ambiente externo, "real", é tão estéril e desumano que leva a maioria das pessoas ao desespero. Aqueles que sobrevivem são capazes de ignorar seletivamente as condições externas e redirecionar a atenção para uma vida interior que é real apenas para eles mesmos. É mais fácil fazer isso se você tem conhecimentos de poesia, matemática ou algum outro sistema de símbolos que lhe permita se concentrar e executar uma atividade mental sem nenhum objeto em mãos.

Esses exemplos dão pistas do que é preciso aprender para controlar a atenção. A princípio, qualquer habilidade ou disciplina que se possa dominar por conta própria serve: meditação e oração, para os que gostam; exercícios, aeróbica e artes marciais, para aqueles que preferem se concentrar em habilidades físicas. Em suma, qualquer especialização ou conhecimento que você considere agradável e cuja aptidão possa ser incrementada ao longo do tempo. O importante, porém, é a postura em relação a essas disciplinas. Se alguém reza para ser santo, ou se exercita para desenvolver peitorais fortes, ou aprende algo para se tornar uma referência no assunto, grande parte do benefício se perde. O importante é aproveitar a atividade por si só, e saber que o que importa não é o resultado, mas o controle que se está adquirindo sobre a atenção.

Normalmente, a atenção é comandada por instruções genéticas, convenções sociais e hábitos que adquirimos na infância. Portanto, não somos nós que decidimos o que chama a nossa atenção, que informação chega à nossa consciência. Em consequência disso, nossas vidas não são nossas no que compete ao sentido; a maior parte do que vivenciamos foi pré-programado para nós. Aprendemos o que vale a pena ver e o que não vale; o que lembrar e o que esquecer; o que sentir quando vemos um morcego, uma bandeira ou uma pessoa que cultua deus por meio de diferentes rituais; por quais coisas vale a pena viver ou morrer. Ao longo dos anos, nossa experiência seguirá o roteiro escrito pela biologia e pela cultura. A única forma de assumir as rédeas da vida é aprendendo a canalizar a energia psíquica de acordo com as nossas próprias vontades.

9. O amor ao destino

Gostemos ou não, nossas vidas deixarão uma marca no universo. O nascimento de cada pessoa provoca repercussões que se espalham pelo ambiente social: pais, irmãos, parentes e amigos são afetados, e, à medida que crescemos, nossas ações deixam uma infinidade de consequências, algumas intencionais, a maioria não. Nossas decisões em relação ao consumo fazem uma pequena diferença na economia, decisões políticas afetam o futuro da comunidade, e cada ato gentil ou mesquinho afeta ligeiramente a qualidade total do bem-estar humano. Pessoas autotélicas ajudam a reduzir a entropia na consciência daqueles que entram em contato com elas; os que dedicam toda a sua energia psíquica à competição por recursos e ao engrandecimento do próprio self contribuem para o aumento dessa entropia.

Não podemos viver uma vida verdadeiramente plena se não percebermos que pertencemos a algo maior e mais permanente do que nós mesmos. Essa é uma conclusão comum às várias religiões que deram sentido à vida das pessoas ao longo de extensos períodos da trajetória humana. Hoje, ainda embriagados pelos grandes avanços proporcionados pela ciência e pela tecnologia, corremos o risco de esquecer esse insight. Nos Estados Unidos e em outras sociedades tecnologicamente avançadas, o individualismo e o materialismo prevaleceram quase que completamente sobre a lealdade à comunidade e aos valores espirituais.

É significativo que o dr. Benjamin Spock, cujos conselhos sobre a criação de filhos tiveram enorme influência para pelo menos duas gerações de pais, tenha tido, no crepúsculo da vida, dúvidas quanto aos benefícios da ênfase colocada anteriormente no aprendizado das crianças para uma vida de franco individualismo. Ele passou a acreditar que é igualmente essencial que elas aprendam a trabalhar pelo bem comum e a apreciar a religião, a arte e outros aspectos intangíveis da vida.

Na verdade, os sinais de alerta de que nos apaixonamos demais por nós mesmos são inúmeros. Um exemplo é a nossa incapacidade de comprometimento, que fez com que metade da população urbana dos países desenvolvidos passasse a viver sozinha, e com que uma proporção altíssima de casamentos se desfizesse.[1] Outro é a crescente desilusão que as pessoas relatam, pesquisa após pesquisa, com a maior parte das instituições nas quais confiávamos antes, e com os indivíduos à frente delas.

Cada vez mais, parecemos enterrar a cabeça na areia para evitar ouvir más notícias, nos refugiando em condomínios protegidos por seguranças armados. Mas é impossível ter uma boa vida em termos pessoais se nos mantivermos isolados de uma sociedade corrupta, como já sabia Sócrates e como descobriram aqueles que já viveram sob uma ditadura. Seria muito mais fácil se fôssemos responsáveis apenas por nós mesmos. Infelizmente, as coisas não funcionam desse jeito. Uma responsabilidade ativa pelo resto da humanidade e pelo mundo do qual fazemos parte é um ingrediente necessário para uma vida de qualidade.

O verdadeiro desafio, no entanto, é reduzir a entropia ao nosso redor sem aumentá-la em nossa consciência. Os budistas têm um bom conselho sobre como isso pode ser feito: "Aja sempre como se o futuro do Universo dependesse do que você faz, e ao mesmo tempo ria de si mesmo por pensar que o que quer que você faça faz alguma diferença". É essa brincadeira séria, essa combinação de preocupação e humildade, que nos permite estar engajados e despreocupados ao mesmo tempo. Com essa postura, não é preciso vencer para nos sentirmos contentes; ajudar a manter a ordem no universo torna-se uma recompensa por si só, independentemente das consequências. Logo, é possível encontrar a alegria mesmo quando travamos uma batalha perdida, contanto que seja por uma boa causa.

Um primeiro passo para fugir desse impasse é ter uma compreensão mais clara do próprio self — da imagem que cada um desenvolve sobre si. Não teríamos como ir muito longe sem um self.[2] O lado negativo da autoimagem é que, assim que ela surge, na primeira infância, passa a controlar o resto da consciência. Como nos identificamos com ela, acreditando que é a essência central do nosso ser, o self cada vez mais parece ser não apenas o mais importante entre os conteúdos da consciência, mas — pelo menos para algumas pessoas — o único ao qual vale a pena prestar atenção. O risco é que toda a energia psíquica de uma pessoa seja canalizada para a satisfação das necessidades dessa entidade imaginária que nós mesmos criamos. Isso pode não ser tão ruim, se o self que tivermos criado for uma entidade razoável. Mas crianças que sofrem abusos podem começar a construir uma imagem desesperançada ou vingativa de si mesmas; crianças que são mimadas, mas não amadas, podem desenvolver personalidades narcisistas. Um self pode se tornar insaciável, ou ter uma visão completamente superestimada da própria importância. Pessoas com um self tão distorcido, porém, sentem-se impelidas a satisfazer suas necessidades. Se acham que precisam de mais poder, dinheiro, amor ou aventura, farão de tudo para suprir essa necessidade, por mais prejudicial que isso seja para elas a longo prazo. Nesses casos, é provável que a energia psíquica de uma pessoa, se administrada por um ego mal concebido, cause entropia no ambiente, bem como em sua própria consciência.

Desprovido de um senso de identidade, um animal dá tudo de si para que suas necessidades biológicas sejam preenchidas, mas não passa muito disso. Ele vai atacar uma presa, defender seu território, disputar um parceiro, mas, tão logo cumpre esses imperativos, ele descansa. Se, no entanto, um ser humano desenvolve uma autoimagem baseada no poder ou na riqueza, não há limites para os seus esforços. Ele vai correr atrás da meta estabelecida pelo seu self de maneira implacável, mesmo que isso acabe com a sua saúde, mesmo que tenha que destruir outras pessoas ao longo do caminho.

Não é tão surpreendente, portanto, que tantas religiões tenham apontado o ego como o culpado pela infelicidade humana. O conselho radical é neutralizar o ego, não permitindo que ele dite nenhum desejo. Se nos recusarmos a atender às nossas necessidades, abrindo mão de comida, sexo e todas as vaidades pelas quais lutamos, o ego vai acabar por não ter voz sobre o que fazemos, até murchar e morrer. Mas não há como acabar completamente com o ego e ao mesmo tempo sobreviver. A única alternativa viável é seguir um curso menos radical, e garantir que cada um conheça o próprio self, e que compreenda suas peculiaridades. Aí, então, é possível separar as necessidades que realmente nos ajudam a navegar pela vida dos tumores malignos que brotam delas e fazem com que a vida seja infeliz.

Quando perguntado sobre o obstáculo mais difícil que teve de superar em sua carreira, o escritor Richard Stern respondeu:

> Acho que é aquela parte desprezível de mim mesmo, aquela que é descrita por palavras como vaidade, orgulho, a sensação de não estar sendo tratado como deveria, comparação com os outros e assim por diante. Tentei duramente disciplinar tudo isso. E tive a sorte de poder contar com elementos positivos o suficiente, que me permitiram combater uma espécie de irritabilidade e ressentimento [...] que vi paralisar alguns colegas, pessoas mais talentosas do que eu. E tive que aprender a combater isso.
>
> Eu diria que o principal obstáculo somos nós mesmos.

Para cada um de nós, o principal obstáculo a uma vida boa somos nós mesmos. No entanto, se aprendermos a viver com isso e, assim como Ulisses, encontrarmos uma forma de resistir ao "canto da sereia" das nossas necessidades, o self pode se tornar um amigo, um assistente, uma rocha sobre a qual construir uma vida plena. Stern prossegue, descrevendo como, enquanto escritor, foi capaz de domar um ego desenfreado e botá-lo para fazer um trabalho criativo:

> É claro que há coisas em mim [...] que eu sei que são ruins, mesquinhas, distorcidas, fracas, isso, aquilo, outra coisa. Mas posso extrair uma força disso. [...] Posso transformá-las. São fontes de força. E, como falei anteriormente, o escritor pega essas coisas e as transforma em material.

Não é preciso ser artista para transformar as "partes desagradáveis" do self em uma compreensão mais profunda da condição humana. Todos nós temos a oportunidade de usar a ambição, a necessidade de ser amado, até mesmo a agressividade, de forma construtiva, sem nos deixarmos arrebatar por elas. Depois que identificamos os nossos demônios, não precisamos mais temê-los. Em vez de levá-los a sério, podemos sorrir com compaixão diante da arrogância desses frutos da nossa imaginação. Não temos que alimentar sua fome voraz, exceto em nossos próprios termos, quando isso nos ajuda a alcançar algo que valha a pena.

Naturalmente, é mais fácil falar do que fazer. Desde que o oráculo de Delfos começou a dar o sensato conselho "Conhece-te a ti mesmo", há cerca de 3 mil anos, pessoas que refletiram sobre o assunto concordaram que, antes de embarcar em uma vida boa, primeiro é preciso conhecer e depois dominar o ego. No entanto, fizemos muito pouco progresso em direção ao autoconhecimento. Com demasiada frequência, aqueles que mais exaltam as virtudes do altruísmo são na verdade motivados pela ganância e a ambição.

No século XX, o projeto de autoconhecimento esteve mais fortemente identificado com a análise freudiana. Moldada pelo cinismo radical do entreguerras, a psicanálise estabeleceu suas metas com humildade: oferecer o autoconhecimento sem aspirar a dizer o que fazer com ele depois de alcançado. E a compreensão que ela oferecia, por mais profunda que fosse, também se limitava a revelar apenas algumas das armadilhas em que o ego normalmente cai — os males que resultam da tentativa de lidar com o triângulo familiar e a subsequente repressão da sexualidade. Por mais importante que tenha sido, esse insight teve a infeliz consequência de proporcionar uma falsa sensação de segurança às pessoas que acreditavam que, exorcizando algum trauma de infância, viveriam felizes para sempre. O self, infelizmente, é mais esperto e complicado do que isso.

A psicoterapia se baseia principalmente em recordar e compartilhar experiências passadas com um analista treinado. Esse processo de reflexão guiada pode ser muito útil e, em termos práticos, não difere muito da prescrição do oráculo de Delfos. A dificuldade surge quando a popularidade dessa forma de terapia leva as pessoas a acreditarem que, por meio da introspecção e da ruminação do próprio passado, irão resolver seus problemas. Isso não costuma dar resultado, porque as lentes através das quais olhamos para o passado são distorcidas justamente pelos problemas que queremos resolver. É preciso um terapeuta experiente, ou muitos anos de prática, para extrair os benefícios dessa reflexão.

Além disso, a ruminação que nossa sociedade narcisista encoraja pode, no fundo, piorar as coisas. As pesquisas baseadas no MAE revelam que, quando as pessoas pensam sobre si mesmas, seus humores geralmente são negativos.

Quando uma pessoa começa a refletir sem que tenha habilidade, os primeiros pensamentos que surgem na mente tendem a ser depressivos. Se, quando estamos no flow, nos esquecemos de nós mesmos, na apatia, na preocupação e no tédio o self costuma estar no centro do palco. Assim, a menos que a habilidade de refletir tenha sido dominada, o hábito de "pensar sobre os problemas" costuma agravar o que está errado, em vez de proporcionar alívio.

A maioria das pessoas só pensa em si mesma quando as coisas não vão bem, e, assim, entram em um ciclo vicioso no qual a ansiedade do momento idealiza o passado, de modo que as lembranças dolorosas fazem o presente parecer ainda mais sombrio. Uma forma de escapar desse ciclo é desenvolver o hábito de refletir sobre a vida quando há motivos para nos sentirmos bem com ela, quando nosso ânimo é positivo. Mas é ainda melhor investir energia psíquica em metas e relacionamentos que trazem harmonia ao self de maneira indireta. Depois que experimentamos o flow em uma interação complexa, o feedback é concreto e objetivo, e nos sentimos melhor sobre nós mesmos sem esforço.

Ter metas claras nos ajuda a experimentar o flow não porque atingi-las seja necessariamente importante, mas porque sem uma meta é difícil se concentrar e evitar distrações. Assim, um alpinista estabelece como meta alcançar o cume não porque tenha algum desejo profundo de alcançá-lo, mas porque ela torna possível a experiência de escalar. Não fosse o cume, a subida se tornaria uma caminhada inútil que deixaria a pessoa inquieta e apática.

Existe um rol de evidências bastante extenso mostrando que, mesmo sem experimentar o flow, o simples fato de fazermos algo de acordo com as nossas metas melhora o estado de espírito. Por exemplo, estar com os amigos costuma ser animador, sobretudo se achamos que interagir com os amigos é o que queremos fazer no momento; se achamos que devemos trabalhar, no entanto, o tempo gasto com os amigos é então muito menos positivo. Por outro lado, mesmo um trabalho de que não gostamos faz com que nos sintamos melhores, desde que sejamos capazes de vê-lo como parte de nossas metas.

Essas descobertas sugerem que uma forma simples de melhorar a qualidade de vida é assumir o controle das próprias ações. Muito do que fazemos (mais de dois terços, em média) são coisas que achamos que temos que fazer, ou que fazemos porque não há mais nada que tenhamos vontade de fazer. Muitas pessoas passam a vida inteira se sentindo como marionetes, mexendo-se apenas porque suas cordas estão sendo puxadas. Nessas condições, é provável que tenhamos a impressão de que nossa energia psíquica está sendo desperdiçada. Assim, a questão é: por que não fazer mais coisas por *querer*? O simples ato de querer concentra a atenção, estabelece prioridades na consciência e cria uma sensação de harmonia interior.

Há muitas coisas na vida que precisamos fazer das quais não gostamos. Por exemplo, comparecer a reuniões, levar o lixo para fora ou controlar as despesas. Algumas são inevitáveis; por mais engenhosos que sejamos, ainda assim temos de fazê-las. Portanto, a escolha é entre fazê-las a contragosto, resmungando de sua obrigatoriedade, ou fazê-las de bom grado. De qualquer forma, continuamos obrigados a realizar a atividade, mas, no segundo caso, a experiência tem chance de ser mais positiva. Podemos definir metas até mesmo para as tarefas que mais detestamos: por exemplo, aparar a grama do jeito mais rápido e eficiente possível. O simples ato de definir uma meta tira muito do peso da tarefa.

Essa postura em relação às escolhas é bem expressa no conceito de *amor fati* — ou "amor ao destino" —, um conceito central na filosofia de Nietzsche.[3] Por exemplo, ao discutir o que é preciso para se viver plenamente, ele escreve: "Minha fórmula para a grandeza no homem é *amor fati*: nada querer diferente, seja para trás, seja para a frente, seja em toda a eternidade. Não apenas suportar o necessário, menos ainda ocultá-lo — todo idealismo é mendacidade ante o necessário — mas *amá-lo*". E: "Quero cada vez mais aprender a ver como belo aquilo que é necessário nas coisas: — assim me tornarei um daqueles que fazem belas as coisas".

Os estudos de Abraham Maslow o levaram a conclusões semelhantes. Com base em observações clínicas e entrevistas com indivíduos que ele considerava terem atingido seu pleno potencial, incluindo artistas criativos e cientistas, ele concluiu que os processos de crescimento resultavam em experiências de máxima gratificação. Essas experiências envolviam uma consistência entre o self e o ambiente; ele as descreveu como uma harmonia entre a "exigência interior" e "exigência exterior", ou entre o "eu quero" e o "eu devo". Quando isso acontece, "a pessoa abraça livremente, com alegria e de todo o coração os próprios determinantes. Ela escolhe e deseja o próprio destino".

O psicólogo Carl Rogers também endossou uma perspectiva muito semelhante. Sobre o que chamou de *pessoa em pleno funcionamento*, ele disse: "Ela deseja ou escolhe seguir o curso de ação que imagina ser o vetor mais econômico em relação a todos os estímulos internos e externos, porque esse comportamento será o mais profundamente satisfatório". Em consequência disso, ele continua, "a pessoa em pleno funcionamento [...] não só experimenta, mas emprega a liberdade mais absoluta quando espontânea, livre e voluntariamente escolhe e deseja o que é inevitavelmente determinado". Assim, como em Nietzsche e Maslow, o amor ao destino corresponde a uma vontade de aceitar a responsabilidade pelas nossas ações, sejam elas espontâneas ou impostas de fora. É essa aceitação que leva ao crescimento pessoal e proporciona a sensação de prazer sereno que remove o fardo da entropia da vida cotidiana.

A qualidade de vida melhora muito quando aprendemos a amar o que temos que fazer — nisso, Nietzsche e companhia estavam absolutamente certos. Mas, em retrospecto, podemos começar a ver as limitações da "psicologia humanista" da qual Maslow e Rogers foram expoentes notáveis. Nos dias de glória de meados do século XX, quando reinava a prosperidade e a paz se aproximava, fazia sentido supor que a realização pessoal só poderia levar a resultados positivos. Não havia necessidade, portanto, de fazer comparações invejosas sobre as formas de realização, de questionar se um conjunto de metas era melhor do que o outro — o que importava era cada um fazer a sua parte. A névoa de otimismo embaçou todas as arestas, e nos permitimos acreditar que o único mal vinha de não realizarmos de maneira plena o nosso potencial.

O problema é que as pessoas também aprendem a amar as coisas que são destrutivas para si mesmas e para os outros. Adolescentes presos por vandalismo ou roubo em geral não têm outra motivação além da emoção que sentem ao roubar um carro ou invadir uma casa. Veteranos dizem que nunca sentiram um flow tão intenso como quando estavam atrás de uma metralhadora no front de guerra. Enquanto desenvolvia a bomba atômica, o físico Robert J. Oppenheimer escreveu com paixão lírica sobre o "doce problema" que estava tentando resolver.[4] Segundo todos os relatos, Adolph Eichmann adorava trabalhar nos problemas logísticos envolvidos no transporte de judeus para os campos de extermínio. As implicações morais desses exemplos são claramente diferentes, mas mostram que gostar do que se faz não é razão suficiente para fazê-lo.

O flow é uma fonte de energia psíquica, pois concentra a atenção e motiva a ação. Como outras formas de energia, é neutro — pode ser empregado para fins construtivos ou destrutivos. O fogo pode ser usado para nos aquecer em uma noite fria ou para incendiar a casa. O mesmo vale para a eletricidade ou a energia nuclear. A produção de energia para uso humano é uma conquista importante, mas aprender a usá-la bem é pelo menos tão essencial quanto. Assim, para criar uma vida boa, é preciso não só lutar por metas prazerosas, mas escolher as que reduzem a soma total da entropia no mundo.

Então, onde encontrar essas metas? As religiões historicamente se ocuparam em definir como a entropia se aplica aos assuntos humanos. Nesse contexto, ela foi denominada "pecado", consistindo em comportamentos que prejudicavam o indivíduo, a comunidade ou os seus valores. Todas as sociedades que sobreviveram tiveram que definir metas positivas para canalizar a energia de seu povo; para torná-los eficazes, criaram seres sobrenaturais que determinavam as regras sobre o que era certo e errado por meio de visões, aparições e textos ditados a indivíduos especiais como Moisés e Maomé. Essas metas não podiam ser justificadas apenas nos termos das nossas vidas no aqui e agora, pois se os únicos efeitos das nossas ações fossem os que pudéssemos observar nesta vida, o bom senso nos recomendaria obter o máximo de prazer e vantagem material possível, ainda que para isso tivéssemos que ser implacáveis. Mas se todos os seus membros fossem motivados pelo puro egoísmo, as comunidades seriam destruídas; logo, as religiões tinham que fornecer um cenário para o que aconteceria àqueles que agissem apenas em nome do interesse próprio — como reencarnar em uma forma de vida inferior, ser esquecido ou ir para o inferno.

Um dos principais desafios do nosso tempo é descobrir novas bases para metas transcendentes que se encaixem em tudo o que sabemos sobre o mundo. Um novo mito para dar sentido à vida, por assim dizer, mas que nos sirva para o presente e para o futuro próximo — assim como os mitos antigos ajudaram nossos ancestrais a compreender a própria existência, confiando nas imagens, metáforas e fatos que eles conheciam. Mas assim como aqueles que usavam os mitos antigos acreditavam que os elementos que os formavam eram verdadeiros, também temos que acreditar na verdade dessa nova revelação.

No passado, eram os profetas que davam voz aos mitos, que por sua vez davam força às crenças da comunidade. Com base em imagens familiares, eles insinuavam que um ser supremo estava se comunicando por meio deles para dizer às pessoas como elas deveriam agir e como era o mundo além dos nossos sentidos. Talvez ainda vá haver profetas no futuro que aleguem saber de tais coisas, mas é menos provável que sejam levados a sério. Uma das consequências de dependermos da ciência para resolver problemas materiais e da democracia para resolver conflitos políticos é que aprendemos a desconfiar da visão de um único indivíduo, por mais inspirado que seja. Não há dúvida de que o "culto da personalidade" continua muito vivo, mas ele agora é temperado por um ceticismo saudável. Uma revelação crível precisa ter aquele elemento de consenso que esperamos das verdades científicas e das tomadas de decisão democráticas.

Em vez de esperar por profetas, podemos descobrir as bases sobre as quais construir uma vida boa a partir do conhecimento que os cientistas e outros pensadores vêm acumulando ao longo do tempo. Existem pistas suficientes sobre como o universo funciona para sabermos que tipos de ação sustentam o aumento da complexidade e da ordem, e que tipos levam à destruição. Estamos redescobrindo como todas as formas de vida dependem umas das outras e do meio ambiente. A precisão com que cada ação produz uma reação equivalente. O modo como é difícil criar ordem e energia útil, e como é fácil desperdiçá-las no caos. Aprendemos que as consequências das ações podem não ser imediatamente visíveis, mas ter efeitos em conexões distantes, pois tudo o que existe faz parte de um sistema interligado. De uma forma ou de outra, isso já foi dito pelas religiões das tribos indígenas das Grandes Planícies, pelos budistas, pelos zoroastrianos e por inúmeras outras crenças baseadas em uma cuidadosa observação da vida. O que a ciência contemporânea acrescenta é uma expressão sistemática desses fatos em uma linguagem que tem autoridade em nossos tempos.

Mas também há outros insights, talvez mais empolgantes ainda, latentes na ciência moderna. Por exemplo, as implicações da relatividade podem indicar uma forma de reconciliar as crenças monoteístas que tiveram tanto sucesso nos últimos dois milênios e as formas politeístas mais fragmentadas e idiossincráticas que elas substituíram. A desvantagem do politeísmo foi criar muita confusão e dissipar a atenção entre as entidades espirituais concorrentes, quando as pessoas de fato acreditavam na existência de espíritos, demiurgos, demônios e deuses independentes, cada um com seu próprio caráter e sua esfera de autoridade. O postulado de um Deus único, seja dos israelitas, dos cristãos ou dos muçulmanos, reordenou a consciência dos crentes, liberando uma enorme quantidade de energia psíquica e varrendo do mapa outras religiões. No entanto, o monoteísmo possuía uma desvantagem: ao estabelecer um único ser supremo, tendia a caminhar para a inflexibilidade do dogmatismo.

O que a relatividade e as descobertas mais recentes sobre geometrias fractais sugerem é que a mesma realidade pode ser alocada em diferentes caixas, por assim dizer, e que dependendo da perspectiva do observador, do ângulo de visão, do tempo e da escala, podemos ver imagens muito diferentes da mesma verdade subjacente. Assim, não há necessidade de rotular como heresia visões e percepções diferentes das crenças que aprendemos quando criança, mas sabemos também que elas são manifestações temporárias e pontualmente válidas de um único processo subjacente de extrema complexidade.

Muitas das vertentes relevantes convergem para o processo evolucionário.[5] Por ironia, enquanto as observações de Darwin foram vistas justamente como uma ameaça à religião cristã fundamentalista, a ideia de que, por longos períodos de tempo, os sistemas ecológicos e a estrutura dos organismos tendem a ganhar complexidade deu esperança a vários cientistas de que o universo não é governado pelo caos, mas esconde uma narrativa que faz sentido. Um dos primeiros a expressar essa conexão foi o paleontólogo jesuíta Pierre Teilhard de Chardin, que em *O fenômeno humano* oferece uma descrição lírica — talvez excessivamente lírica — da evolução da poeira atômica, bilhões de anos atrás, até a unificação da mente e do espírito no que ele chamou de Ponto Ômega, conceito equivalente à ideia tradicional da união das almas com o ser supremo nos Céus.

A visão de Teilhard foi ridicularizada pela maioria dos cientistas, mas alguns dos mais aventureiros — como C. H. Waddington, Julian Huxley e Theodosius Dobzhansky — a levaram a sério. De uma forma ou de outra, a complexidade evolutiva contém os elementos necessários à construção de um mito robusto o suficiente para sustentar uma fé. Jonas Salk, por exemplo, o inventor da vacina contra a poliomielite, que, além de cientista, se considerava um artista e humanista, passou os últimos anos da vida se esforçando para entender como a vida passada poderia ser a chave para o futuro. Em suas palavras:

Não parei de me interessar por algumas das [...] questões mais fundamentais sobre a criatividade em si. [...] Vejo os seres humanos como um produto do processo de evolução, uma evolução criativa, eu diria. Hoje nos tornamos o próprio processo, ou parte do próprio processo. E assim, a partir dessa perspectiva, me interessei pela evolução universal, o fenômeno da evolução em si, manifestado no que chamo de evolução pré-biológica, evolução do mundo físico, químico; evolução biológica; e evolução metabiológica do cérebro-mente. Agora estou começando a escrever sobre o que chamo de evolução teleológica, que é a evolução com um propósito. Então, o meu propósito agora, digamos assim, é tentar entender a evolução, a criatividade, de uma perspectiva intencional.

É cedo demais para vermos com clareza o que existe além desses novos horizontes que estão se abrindo. Mas escritores e cientistas começaram a juntar as peças da visão que pode levar ao futuro. Alguns desses esforços ainda parecem tão fantasiosos que fazem parte apenas do reino da imaginação. Por exemplo, Madeleine L'Engle teceu, em seus romances para crianças, enredos nos quais os acontecimentos nas células do corpo correm em paralelo a lutas históricas entre personagens humanos, que por sua vez refletem conflitos cósmicos entre seres sobrenaturais. E ela está perfeitamente ciente de que a ficção científica que escreve tem consequências éticas. Mesmo quando os personagens do livro sofrem e estão prestes a serem engolidos pelas forças do mal, ela acredita que

é preciso tirá-los dali, dar a eles algum tipo de esperança. Não gosto de livros fatalistas. Livros que fazem você pensar: "Ah, a vida não vale a pena". Quero que as crianças pensem que, sim, essa empreitada é difícil, mas vale a pena, e, no fim das contas, é cheia de alegria.

John Archibald Wheeler, um dos físicos mais ilustres do século XX, dedicou seu tempo a pensar sobre como desempenhamos um papel vital na criação do mundo material que parece existir objetivamente fora e à parte de nós mesmos. Benjamin Spock, o famoso pediatra, se esforçou para redefinir a espiritualidade em termos que fizessem sentido para a nossa época. E há também aqueles que, como a economista e ativista Hazel Henderson, adotaram uma filosofia particular alegremente livre de amarras, na qual a identidade é vista como uma personificação momentânea do ritmo contínuo da vida:

Em certa medida, eu me sinto como uma extraterrestre. Estou aqui de visita, por um tempo, e sob uma forma humana. Sou muito ligada emocionalmente à espécie.

E, assim, encarnei nesta época. Mas também tenho em mim algo de infinito. Tudo se encaixa com certa facilidade. Parece meio frívolo, mas a verdade é que essa é uma prática espiritual para mim.

Essa exuberância pagã talvez pareça nada mais do que um retorno às superstições do passado, como a crença na reencarnação, nas abduções alienígenas ou na percepção extrassensorial. A diferença fundamental é que os adeptos da Nova Era tomam sua fé como algo literal, enquanto as pessoas que estou citando sabem que estão falando metaforicamente, usando aproximações de uma realidade subjacente na qual acreditam, mas que não têm como expressar adequadamente. Elas seriam as últimas a materializar seus insights, acreditando que são literalmente verdadeiros. Sabem que seu próprio conhecimento está em evolução e, em poucos anos, pode ter que ser expresso em termos totalmente diferentes.

Uma coisa é a evolução nos ajudar a visualizar o futuro com referência ao passado, outra é nos dar as diretrizes para criar uma existência significativa e plena. Sem dúvida, uma das razões pelas quais as religiões tradicionais tiveram uma influência tão poderosa sobre a consciência humana é que elas personalizaram forças cósmicas — por exemplo, alegando que Deus nos criou à Sua imagem, tornando assim possível para milhares de pintores cristãos representá-Lo como um velho patriarca benevolente. E, talvez mais importante, elas emprestaram à vida de cada indivíduo um pouco de dignidade e a promessa de eternidade. É indiscutivelmente difícil competir com isso. O processo de evolução como o conhecemos hoje funciona estatisticamente em grandes números, e não tem nada a dizer sobre os indivíduos; é orientado pelo determinismo associado ao acaso, não pela intenção nem pelo livre-arbítrio. Logo, parece ser uma doutrina árida, carente da possibilidade de inspirar uma pessoa a organizar a vida em torno dela.

No entanto, as descobertas da ciência podem ter coisas esperançosas a dizer a cada um de nós. Em primeiro lugar, elas nos tornam cada vez mais conscientes de como cada pessoa é única, não apenas na forma particular como os ingredientes do código genético foram combinados, fornecendo instruções para o desenvolvimento de traços físicos e mentais sem precedentes, mas também no tempo e no espaço em que esse organismo em particular foi colocado para encontrar a vida. Um indivíduo se torna uma pessoa apenas dentro de um contexto físico, social e cultural, de modo que o tempo e o lugar em que nascemos definem uma única coordenada de existência da qual ninguém mais compartilha.

Assim, cada um de nós é responsável por um ponto particular no espaço e no tempo em que nosso corpo e mente formam um elo dentro da rede total da existência. Pois, se é verdade que quem somos é determinado por instruções genéticas e interações sociais, também é verdade que, tendo inventado o conceito de liberdade, podemos fazer escolhas que determinarão a forma futura da rede da qual fazemos parte. O tipo de cosméticos que usamos vai determinar se o ar será próprio para respirarmos, o tempo que passamos conversando com os professores vai afetar o que os nossos filhos aprenderão, e o tipo de programa a que assistimos vai influenciar a natureza do entretenimento comercial.

A compreensão contemporânea da matéria e da energia também oferece uma nova forma de pensar sobre o bem e o mal.[6] O mal nos assuntos humanos é análogo ao processo de entropia no universo material. Chamamos de mal aquilo que provoca dor, sofrimento e desordem na psique ou na comunidade. Em geral, ele implica adotar o trajeto de menor resistência, ou atuar de acordo com os princípios de uma ordem inferior de organização: por exemplo, quando uma pessoa dotada de consciência age apenas em função de seus instintos, ou quando um ser social age de forma egoísta, mesmo que a situação exija cooperação. Quando os cientistas trabalham para aperfeiçoar os meios de destruição, estão sucumbindo à entropia, mesmo que utilizem o conhecimento mais recente e sofisticado. A entropia ou o mal são o estado padrão, a condição à qual os sistemas retornam, a menos que seja feito um esforço ativo para evitá-los.

O que os evita de fato é o que chamamos de "boas" ações, que preservam a ordem enquanto evitam a rigidez, e são orientadas pelas necessidades dos sistemas mais evoluídos, levando em conta o futuro, o bem comum e o bem-estar emocional dos outros. O bem é a superação criativa da inércia, a energia que leva à evolução da consciência humana. Agir em função de novos princípios de organização é sempre mais difícil e exige mais esforço e energia. A capacidade de pôr isso em prática é o que chamamos de virtude.

Mas por que devemos ser virtuosos quando é muito mais fácil deixar a entropia prevalecer? Por que deveríamos apoiar a evolução sem a promessa de vida eterna como recompensa? Se o que dissemos até agora for verdade, a vida eterna de fato faz parte do pacote da existência — não na forma como os desenhos animados representam a vida após a morte, com personagens de auréola e camisola andando pelas nuvens, mas no sentido de que nossas ações nesta vida vão reverberar através do tempo e moldar o futuro em evolução. Quer nossa consciência atual da individualidade seja preservada em alguma dimensão da existência após a morte, quer desapareça por completo, o fato inalterável é que nosso ser será para sempre parte da urdidura e da trama do que existe. Quanto mais energia psíquica investimos no futuro da vida, mais nos tornamos parte dela. Aqueles que se identificam com a evolução fundem sua consciência com ela, como um pequeno córrego que deságua em um imenso rio, cujas correntes se unem.

O inferno, nesse cenário, é simplesmente a cisão entre o indivíduo e o flow. É o apego ao passado, ao self, à segurança da inércia. Há um traço desse sentido na raiz da palavra "diabo": ela vem do grego *diábolos*, que significa "separar" ou "apartar". O que é diabólico é aquilo que enfraquece a complexidade emergente, sugando dela toda a energia psíquica.

Claro, esta não é a única forma de interpretar as implicações da ciência em relação ao futuro. Também é possível não vermos nada além de um acaso sem sentido em ação no mundo, e nos sentirmos prostrados diante disso. Inclusive, essa postura é a mais fácil de adotar. A entropia vale também para a forma como interpretamos a evidência dos sentidos. Mas este capítulo começou com a pergunta: Como podemos encontrar uma meta que nos permita aproveitar a vida ao mesmo tempo que agimos com responsabilidade em relação aos outros? Escolher essa interpretação para o conhecimento atual que a ciência oferece pode ser uma resposta a esse questionamento. Dentro de uma estrutura evolutiva, podemos concentrar a consciência nas tarefas do dia a dia, cientes de que, quando agimos na plenitude da experiência do flow, também estamos construindo uma ponte para o futuro do nosso universo.

Agradecimentos

As conclusões debatidas neste livro são baseadas em pesquisas financiadas pela Fundação Spencer e pela Fundação Alfred P. Sloan. Um grande número de colegas e alunos deram uma contribuição inestimável ao estudo do flow. Gostaria de agradecer especialmente a Kevin Rathunde, da Universidade de Utah; Samuel Whalen, da Universidade Northwestern; Kiyoshi Asakawa, da Universidade Shikoku-Gakuen, no Japão; Fausto Massimini e Antonella Delle Fave, da Universidade de Milão, na Itália; Paolo Inghilleri, da Universidade de Perugia, na Itália; e Wendy Adlai-Gail, Joel Hektner, Jeanne Nakamura, John Patton e Jennifer Schmidt, da Universidade de Chicago.

Dos muitos colegas cuja amizade tem representado um apoio inestimável, quero agradecer especialmente a Charles Bidwell, William Damon, Howard Gardner, Geoffrey Godbey, Elizabeth Noelle-Neumann, Mark Runco e Barbara Schneider.

Notas

1. AS ESTRUTURAS DA VIDA COTIDIANA [pp. 9-22]

1. Um excelente conjunto de reflexões sobre a poesia de Auden e seu lugar na literatura contemporânea pode ser encontrado em Hecht (1993).

2. As bases teóricas e empíricas para as afirmações feitas neste livro podem ser encontradas, por exemplo, em Csikszentmihalyi (1990, 1993), Csikszentmihalyi e Csikszentmihalyi (1988) e Csikszentmihalyi e Rathunde (1993).

3. Uma descrição detalhada das atividades dos primatas selvagens aparece em Altmann (1980). As atividades cotidianas dos camponeses do sul da França durante a Idade Média foram relatadas em Le Roy Ladurie (1979).

4. Os historiadores franceses associados à revista *Annales* foram os pioneiros no estudo de como as pessoas comuns viviam em diferentes períodos históricos. Um exemplo do gênero está em Davis e Farge (1993).

5. Thompson (1963) oferece algumas das descrições mais vívidas de como a vida cotidiana mudou em decorrência da industrialização na Inglaterra.

6. O tempo gasto pelos caçadores-coletores em atividades produtivas foi estimado por Marshall Sahlins (1972). Resultados semelhantes também são relatados em Lee e DeVore (1968). Para orçamentos de tempo no século XVIII, ver Thompson (1963), e, em tempos recentes, Szalai (1965).

7. As fontes para os dados apresentados nesta tabela são as seguintes: o orçamento de tempo dos adultos norte-americanos obtido pelo MAE foi relatado em Csikszentmihalyi e Graef (1980), Csikszentmihalyi e LeFevre (1989), Kubey e Csikszentmihalyi (1990) e Larson e Richards (1994); o dos adolescentes, em Bidwell et al., Csikszentmihalyi e Larson (1984) e Csikszentmihalyi, Rathunde e Whalen (1993).

8. A citação é de Hufton (1993, p. 30).

9. Para uma história detalhada do lazer, ver Kelly (1982).

10. McKim Marriott descreve a visão tradicional hindu da posição do indivíduo no contexto social (Marriott, 1976); para a comparação de crianças caucasianas e do Leste Asiático, ver Asakawa (1996).

11. O argumento sobre a importância da esfera pública para o desenvolvimento da individualidade foi apresentado por Hannah Arendt (1956).

12. Aqueles interessados nos detalhes deste método devem consultar Csikszentmihalyi e Larson (1987) e Moneta e Csikszentmihalyi (1996).

2. O CONTEÚDO DA EXPERIÊNCIA [pp. 23-38]

1. As principais emoções que podem ser identificadas e encontradas em quase todas as culturas são alegria, raiva, tristeza, medo, interesse, vergonha, culpa, inveja e depressão (Campos e Barrett, 1984).

2. Embora o próprio Charles Darwin tenha percebido que as emoções serviam a propósitos de sobrevivência e evoluíram da mesma forma que os órgãos físicos do corpo, não foi até muito recentemente que os traços psicológicos começaram a ser estudados de uma perspectiva evolutiva. Um exemplo recente é o trabalho de David Buss (1994).

3. Um dos primeiros estudos psicológicos modernos da felicidade, *The Structure of Psychological Well-Being*, de Norman Bradburn (1969), tinha originalmente a palavra *happiness* ("felicidade") no título, mas a palavra foi mais tarde alterada para *psychological well-being* ("bem-estar psicológico"), a fim de evitar soar não científico. Os estudos atuais incluem o extenso resumo desse tópico feito por Myers (1992), além dos trabalhos de Myers e Diener (1995) e Diener e Diener (1996), que constatam que de maneira geral as pessoas são felizes; outra fonte é Lykken e Tellegen (1996). As comparações internacionais de renda e felicidade aparecem em Inglehart (1990). O principal problema desses estudos é que são baseados em avaliações globais dos entrevistados sobre a própria felicidade. Como as pessoas tendem fortemente a ver a própria vida como feliz, independentemente do conteúdo, tal medida não oferece muitas informações sobre a qualidade de vida de uma pessoa.

4. A entropia psíquica, ou conflito de consciência, e o seu oposto, a negentropia psíquica, que descreve os estados de harmonia interior, são descritos em Csikszentmihalyi (1988, 1990), Csikszentmihalyi e Csikszentmihalyi (1988) e Csikszentmihalyi e Rathunde.

5. A fórmula de William James para a autoestima foi publicada em James (1890). O contraste na autoestima entre grupos étnicos aparece em Asakawa (1996) e Bidwell et al. As diferenças de autoestima entre mães que trabalham fora e em casa foram estudadas por Ann Wells (1988).

6. Abordei o papel da atenção no pensamento em Csikszentmihalyi (1993). O psicólogo Jerome Singer, de Yale, estudou a fundo o hábito de sonhar acordado (J. L. Singer, 1966, 1981).

7. O trabalho canônico neste campo é a análise feita por Howard Gardner das sete principais formas pelas quais a inteligência humana se apresenta (Gardner, 1983).

8. O esforço necessário para desenvolver o talento de um jovem é descrito nos estudos de Benjamin Bloom (1985) e naqueles que conduzi com meus alunos (Csikszentmihalyi, Rathunde e Whalen, 1993).

9. Algumas das principais fontes que abordam essa experiência são Csikszentmihalyi (1975, 1990), Csikszentmihalyi e Csikszentmihalyi (1988) e Moneta e Csikszentmihalyi (1996). Para estudos mais especializados, ver também Adlai-Gail (1994), Choe (1995), Heine (1996), Hektner

(1996) e Inghilleri (1995). "Experiência excepcional" e "negentropia psíquica" são termos por vezes usados de forma intercambiável para descrever a experiência do flow.

10. As fontes para esta figura aparecem em Csikszentmihalyi (1990) e em Massimini e Carli (1988). Essa representação passou por várias revisões ao longo dos anos, pois as conclusões empíricas nos obrigaram a revisar as hipóteses iniciais. Por exemplo, a revisão mais recente envolveu a inversão na posição das experiências de "relaxamento" e "tédio". Originalmente, eu acreditava que baixo grau de desafio e grande exigência de habilidade deveriam resultar na experiência do tédio. No entanto, muitos estudos, como por exemplo os conduzidos por Adlai-Gail (1994), Csikszentmihalyi e Csikszentmihalyi (1988) e Hektner (1996), mostraram que as pessoas dizem sentir-se relaxadas em tal situação, enquanto o tédio tende a ocorrer com maior frequência quando tanto o grau de desafio quanto a exigência de habilidade são baixos.

11. A extensa pesquisa sobre o flow entre os alemães foi publicada em Noelle-Neumann (1995). Alguns relatos interessantes de flow em diferentes atividades são os seguintes: escrever – Perry (1996); usar um computador – Trevino e Trevino (1992) e Webster e Martocchio (1993); dar aulas – Coleman (1994); ler – McQuillan e Conde (1996); exercício da gestão – Loubris, Crous e Schepers (1995); prática de esportes – Jackson (1996) e Stein et al. (1995); jardinagem – Reigber (1995), entre outros.

3. COMO NOS SENTIMOS QUANDO FAZEMOS COISAS DIFERENTES [pp. 39-50]

1. O psiquiatra Marten De Vries (1992) foi um dos primeiros a estudar em detalhes como os pacientes psiquiátricos realmente se sentem, e nesse processo chegou a várias descobertas contraintuitivas sobre a psicopatologia. Para uma análise do trabalho do professor Massimini e seu grupo na Universidade de Milão, ver Inghilleri (1995) e Massimini e Inghilleri (1986).

2. A citação de Richard Stern e as que aparecem mais adiante no livro foram extraídas de meu recente estudo sobre criatividade (Csikszentmihalyi, 1996), baseado em entrevistas com 91 artistas, cientistas e líderes políticos e empresariais que mudaram em alguma medida a cultura em que vivemos. Sobre a relação entre flow e criatividade, ver também a coletânea editada por George Klein (1990).

3. Para os efeitos prejudiciais de se estar sozinho, ver, por exemplo, Csikszentmihalyi e Larson (1984), Larson e Csikszentmihalyi (1978) e Larson, Mannell e Zuzanek (1986).

4. Os resultados de pesquisas feitas nos Estados Unidos que indicam uma ligação entre felicidade e ter amigos foram relatados por Burt (1986).

5. O estudo recente de Reed Larson e Maryse Richards, no qual todos os membros da família participaram ao mesmo tempo de um estudo MAE (Larson e Richards 1994), revela muitos padrões intrigantes na experiência familiar: como sugere o título do livro, *Divergent Realities*, ou "Realidades divergentes", pais e filhos raramente estão na mesma página quando interagem no ambiente doméstico.

6. O fato de que dirigir seja uma das experiências mais agradáveis da vida de muitas pessoas foi sugerido por um de nossos estudos com o MAE (Csikszentmihalyi e LeFevre 1989); um estudo mais aprofundado com o mesmo método patrocinado pela Nissan USA revelou muitos detalhes imprevisíveis, alguns dos quais são relatados ao longo deste livro.

7. Para uma exceção à habitual negligência na forma como o nosso ambiente afeta emoções e pensamentos, ver Gallagher (1993). Outros trabalhos sobre esse tópico incluem Csikszentmihalyi e Rochberg-Halton (1981).

8. Dois estudos-piloto não publicados, um deles realizado por Maria Wong, na Universidade de Michigan, e o outro por Cynthia Hedricks, na Universidade do Sul da Califórnia, revelaram que sintomas físicos são relatados em quantidade significativamente maior aos domingos, bem como em situações que não requerem atenção concentrada, o que sugere que estar ocupado, até certo ponto, nos impede de perceber a dor.

4. O PARADOXO DO TRABALHO [pp. 51-63]

1. Os resultados da pesquisa são de Yankelovich (1981) e foram replicados com padrões semelhantes em outros países. Para a ambivalência sobre o trabalho, ver Csikszentmihalyi e LeFevre (1989); já o diálogo entre os cientistas sociais alemães aparece em Noelle-Neumann e Strumpel (1984). Noelle-Neumann interpretou a relação entre a vontade de trabalhar e um estilo de vida positivo como evidência de que "o trabalho nos faz felizes", enquanto Strumpel entendia que a preferência geral pelo lazer significava que "o trabalho nos faz infelizes".

2. Para alguns insights interessantes sobre como o trabalho mudou ao longo dos séculos, ver, por exemplo, Braudel (1985), Lee e DeVore (1968), Norberg (1993) e Veyne (1987).

3. Os resultados sobre como os adolescentes norte-americanos adquirem posturas e habilidades relevantes para suas futuras ocupações foram obtidos em um estudo longitudinal realizado ao longo de cinco anos com quase 4 mil alunos dos ensinos fundamental e médio nos Estados Unidos, patrocinado pela Fundação Sloan (Bidwell et al., 1992). As experiências negativas associadas a atividades que não são nem trabalho nem diversão foram exploradas em detalhes por Jennifer Schmidt (1997).

4. As diferenças de gênero na experiência do trabalho são relatadas em Larson e Richards (1994). Anne Wells (1988) investigou as diferenças de autoestima encontradas entre mães que trabalhavam em período integral e em meio período.

5. Os estudos com o MAE envolvendo jovens desempregados no Reino Unido foram conduzidos por John Haworth (Haworth e Ducker, 1991). Os estudos internacionais sobre desemprego são relatados em Inglehart (1990).

5. OS RISCOS E AS OPORTUNIDADES DO LAZER [pp. 64-76]

1. A advertência dos psiquiatras foi relatada em *Psychiatry* (1958); para argumentos semelhantes, ver Gussen (1967) e Kubey e Csikszentmihalyi (1990).

2. A referência está em Ferenczi (1950); ver também Boyer (1955) e Cattel (1955).

3. As diferenças encontradas entre os leitores assíduos e os telespectadores assíduos são relatadas em Noelle-Neumann (1996).

4. Ver *The Persian Wars*, livro I, cap. 94.

5. Para algumas evidências históricas, ver Kelly (1982); parte do material transcultural atual aparece em Inghilleri (1993).

6. O estudo de Macbeth é relatado em Macbeth (1988); a citação do marinheiro está em Pirsig (1977); a do alpinista aparece em Csikszentmihalyi (1975).

7. A constatação de que o uso de energia não renovável no lazer está negativamente relacionado à felicidade, pelo menos entre as mulheres, é relatado em Graef et al. (1981).

6. RELACIONAMENTOS E QUALIDADE DE VIDA [pp. 77-91]

1. A referência é ao trabalho de Lewinsohn (1982).
2. A importância de pertencer a uma rede social na Índia é discutida por Hart (1992), Kakar (1978) e Marriott (1976); no Japão, por Asakawa (1996), Lebra (1976) e Markus e Kitayama (1991).
3. Para a importância da amizade para uma vida satisfatória, ver Myers (1992).
4. A composição das famílias na Idade Média é descrita em Le Roy Ladurie (1979). Outras formas de arranjo familiar são discutidas em Edwards (1969), Herlihy (1985) e Mitterauer e Sieder (1982).
5. Essas conclusões são da pesquisa, já mencionada várias vezes, de Larson e Richards (1994).
6. A noção teórica de complexidade foi aplicada ao sistema familiar por Kevin Rathunde. Ver também Carroll, Schneider e Csikszentmihalyi (1996), Csikszentmihalyi e Rathunde (1993) e Csikszentmihalyi e Rathunde; ver Huang (1996) para outros achados que se valem desse conceito.
7. A paranoia generalizada dos dobuanos é descrita por Reo Fortune (1963 [1932]). O conceito de conversa como forma de manutenção da realidade foi desenvolvido pelos sociólogos Peter Berger e Thomas Luckman (1967).
8. A pesquisa em questão é relatada em Noelle-Neumann e Kocher (1993, p. 504).
9. Dados que mostram como os alunos que não suportam ficar sozinhos têm problemas para desenvolver seus talentos são apresentados em Csikszentmihalyi, Rathunde e Whalen (1993).
10. O historiador francês Philippe Ariès descreveu os perigos enfrentados pelos estudantes medievais em Paris (Ariès, 1962). A ameaça às mulheres que andavam pelas ruas no século XVII é mencionada por Norberg (1993).
11. Hannah Arendt (1956) discute a diferença de visões de mundo implicadas por uma vida ativa e uma vida contemplativa. A distinção entre modos de vida "voltados para o interior" e "voltados para o exterior" aparece em Riesman, Glazer e Denney (1950). A tipologia "extroversão" versus "introversão" foi desenvolvida por Carl Jung (1954); para sua medição atual, ver Costa e McCrae (1984).
12. Pesquisas que sugerem que os extrovertidos tendem a estar mais satisfeitos com a vida são relatadas por Myers (1992).

7. MUDANDO OS PADRÕES DA VIDA [pp. 92-108]

1. Para estes números, ver a última nota do capítulo 2.
2. Uma biografia muito boa deste teórico político italiano é a de Fiore (1973).
3. O estudo aqui relatado foi realizado por Joel Hektner (1996).
4. As ideias mencionadas nesta seção derivam, em grande parte, dos muitos anos de aconselhamento a gestores de negócios que prestei por meio do programa de extensão da Universidade de Chicago em Vail, Colorado.

5. As biografias de indivíduos com excepcional sensibilidade moral foram reunidas e analisadas por Colby e Damon (1992).

6. Um dos relatos mais antigos e perspicazes sobre como pensam os trabalhadores orgulhosos de seus empregos consiste na série de entrevistas feitas por Studs Terkel (1974).

7. O fisiologista Hans Selye foi o primeiro a identificar o "eustress", ou o valor positivo do estresse gerenciável para o organismo. Ele faz uma ampla investigação da resposta psicológica ideal à tensão em Selye (1956).

8. A citação que descreve o prazer de uma mãe ao brincar com seu filho é extraída de Allison e Duncan (1988).

8. A PERSONALIDADE AUTOTÉLICA [pp. 109-21]

1. A citação é de Allison e Duncan (1988).

2. Em embriologia, "neotenia" é o atraso no desenvolvimento em bebês humanos, em comparação a outras espécies de primatas e mamíferos. Supõe-se que isso permita a ocorrência de um maior aprendizado à medida que o sistema nervoso amadurece em interação com o ambiente, não no isolamento do útero (Lerner, 1984). A neotenia social é o alargamento desse conceito à tendência que alguns jovens têm de se beneficiar de um período de maturação mais longo protegido no seio da família (Csikszentmihalyi e Rathunde).

3. A importância de controlar a atenção, ou "energia psíquica", é fundamental para assumirmos o controle de nossas próprias vidas. Alguns dos pensamentos relevantes para esta afirmação podem ser encontrados em Csikszentmihalyi (1978, 1993).

4. Fausto Massimini e sua equipe da Universidade de Milão entrevistaram um grande número de indivíduos acometidos por tragédias, como pessoas que ficaram paraplégicas ou cegas (Negri, Massimini e Fave, 1992). Ao contrário do que se poderia esperar, depois de trágicos acidentes, muitos desses indivíduos foram capazes de aproveitar a vida melhor do que antes. Ver também, a esse respeito, Diener e Diener (1996). Por outro lado, pesquisas com ganhadores da loteria (Brickman, Coates e Janoff-Bulman, 1978) sugerem que ganhar uma fortuna de repente não aumenta a felicidade. Esses resultados confirmam a velha sabedoria de que não é o que acontece com uma pessoa que determina sua qualidade de vida, mas sim o que cada pessoa faz acontecer.

9. O AMOR AO DESTINO [pp. 122-36]

1. Algumas das declarações recentes mais importantes sobre a falta de envolvimento com valores superiores ao indivíduo são de Bellah et al. (1985, 1991) e Lash (1990). Para comentários sobre a necessidade de criar novos valores à medida que os antigos perdem a credibilidade, ver Massimini e Fave (1991).

2. Uma breve descrição de como o self evolui filo e ontogeneticamente pode ser encontrada em Csikszentmihalyi (1993).

3. O conceito de *amor fati* aparece em Nietzsche ([1882] 1974). Para os pensamentos de Maslow sobre o mesmo assunto, ver Maslow (1971); e para Rogers, ver Rogers (1969).

4. A citação de R. J. Oppenheimer e a controvérsia sobre encontrar o flow em atividades destrutivas são discutidas em Csikszentmihalyi (1985) e Csikszentmihalyi e Larson (1978).

5. Alguns dos pioneiros que estenderam o pensamento evolutivo ao reino da evolução cultural humana foram Bergson (1944), Campbell (1976), J. Huxley (1947), T. H. Huxley (1894), Johnston (1984) e Teilhard de Chardin (1965).

6. O bem e o mal, do ponto de vista da teoria da evolução, são debatidos por Alexander (1987), Burhoe (1986), Campbell (1975) e Williams (1988).

Referências bibliográficas

ADLAI-GAIL, W. S. *Exploring the Autotelic Personality*. Chicago: Universidade de Chicago, 1994. Tese (Doutorado).
ALEXANDER, R. D. *The Biology of Moral Systems*. Nova York: Aldine De Gruyter, 1987.
ALLISON, M. T.; DUNCAN, M. C. "Women, Work, and Flow". In: CSIKSZENTMIHALYI, M.; CSIKSZENTMIHALYI, I. S. (Orgs.). *Optimal Experience: Psychological Studies of Flow in Consciousness*. Nova York: Cambridge University Press, 1988. pp. 118-37.
ALTMANN, J. *Baboon Mothers and Infants*. Cambridge, Massachusetts: Harvard University Press, 1980.
ARENDT, H. *The Human Condition*. Chicago: University of Chicago Press, 1956.
ARIÈS, P. *Centuries of Childhood*. Nova York: Vintage, 1962.
ASAKAWA, K. *The Experience of Interdependence and Independence in the Self-Construal of Asian American and Caucasian American Adolescents*. Chicago: Universidade de Chicago, 1996. Tese (Doutorado).
BELLAH, R. N. et al. *Patterns of the Heart*. Berkeley, Califórnia: University of California Press, 1985.
_____. *The Good Society*. Nova York: Alfred A. Knopf, 1991.
BERGER, P. L.; LUCKMANN, T. *The Social Construction of Reality*. Garden City, Nova York: Anchor Books, 1967.
BERGSON, H. *Creative Evolution*. Nova York: The Modern Library, 1944.
BIDWELL, C. et al. *Studying Career Choice*. Chicago: National Opinion Research Center, Universidade de Chicago, 1992.
_____. *Attitudes and Experiences of Work for American Adolescents*. Nova York: Cambridge University Press.
BLOOM, B. S. (Org.). *Developing Talent in Young People*. Nova York: Ballantine, 1985.
BOYER, L. B. "Christmas Neurosis". *Journal of the American Psychoanalytic Association*, v. 3, pp. 467-88, 1955.
BRADBURN, N. *The Structure of Psychological Well-Being*. Chicago: Aldine, 1969.

BRAUDEL, F. *The Structures of Everyday Life*. Trad. [para o inglês] de S. Reynolds. Nova York: Harper and Row, 1985.

BRICKMAN, P.; COATES, D.; JANOFF-BULMAN, R. "Lottery Winners and Accident Victims: Is Happiness Relative?". *Journal of Personality and Social Psychology*, v. 36, n. 8, pp. 917-27, 1978.

BURHOE, R. W. "War, Peace, and Religion's Biocultural Evolution". *Zygon*, v. 21, pp. 439-72, 1986.

BURT, R. S. *Strangers, Friends, and Happiness*. GSS Technical Report n. 72. Chicago: National Opinion Research Center, Universidade de Chicago, 1986.

BUSS, D. M. *The Evolution of Desire*. Nova York: Basic Books, 1994.

CAMPBELL, D. T. "On the Conflicts between Biological and Social Evolution and between Psychology and Moral Tradition". *American Psychologist*, v. 30, pp. 1103-26, 1975.

_____. "Evolutionary Epistemology". In: SCHLIPP, D. A. (Org.). *The Library of Living Philosophers: Karl Popper*. La Salle, Illinois: Open Court, 1976. pp. 413-63.

CAMPOS, J. J.; BARRETT, K. C. "Toward a New Understanding of Emotions and Their Development". In: IZARD, C. E.; KAGAN, J.; ZAJONC, R. B. (Orgs.). *Emotions, Cognition, and Behavior*. Cambridge, Inglaterra: Cambridge University Press, 1984. pp. 229-63.

CARROLL, M. E.; SCHNEIDER, B.; CSIKSZENTMIHALYI, M. *The Effects of Family Dynamics on Adolescents' Expectations*. Chicago: Universidade de Chicago, 1996. Artigo submetido para publicação.

CATTELL, J. P. "The Holiday Syndrome". *Psychoanalytic Review*, pp. 4239-43, 1955.

CHOE, I. *Motivation, Subjective Experience, and Academic Achievement in Korean High School Students*. Chicago: Universidade de Chicago, 1995. Tese (Doutorado).

COLBY, A.; DAMON, W. *Some Do Care*. Nova York: The Free Press, 1992.

COLEMAN, L. J. "Being a Teacher: Emotions and Optimal Experience while Teaching Gifted Children". *Gifted Child Quarterly*, v. 38, n. 3, pp. 146-52, 1994.

COSTA, P. T. J.; MCCRAE, R. R. "Personality as a Lifelong Determinant of Well-Being". In: MALATESTA, C. Z.; IZARD, C. E. (Orgs.). *Emotion in Adult Development*. Newbury Park, Califórnia: Sage, 1984.

CSIKSZENTMIHALYI, M. *Beyond Boredom and Anxiety*. San Francisco: Jossey-Bass, 1975.

_____. "Attention and the Wholistic Approach to Behavior". In: POPE, K. S.; SINGER, J. L. (Orgs.). *The Stream of Consciousness*. Nova York: Plenum, 1978. pp. 335-58.

_____. "Reflections on Enjoyment". *Perspectives in Biology and Medicine*, v. 28, n. 4, pp. 469-97, 1985.

_____. "Motivation and Creativity: Toward a Synthesis of Structural and Energistic Approaches to Cognition". *New Ideas in Psychology*, v. 6, n. 2, pp. 159-76, 1988.

_____. *Flow: The Psychology of Optimal Experience*. Nova York: Harper and Row, 1990.

_____. *The Evolving Self: A Psychology for the Third Millennium*. Nova York: HarperCollins, 1993.

_____. *Creativity: Flow and the Psychology of Discovery and Invention*. Nova York: HarperCollins, 1996.

CSIKSZENTMIHALYI, M.; CSIKSZENTMIHALYI, I. S. (Orgs.). *Optimal Experience: Psychological Studies of Flow in Consciousness*. Nova York: Cambridge University Press, 1988.

CSIKSZENTMIHALYI, M.; GRAEF, R. "The Experience of Freedom in Daily Life". *American Journal of Community Psychology*, v. 8, pp. 401-14, 1980.

CSIKSZENTMIHALYI, M.; LARSON, R. "Intrinsic Rewards in School Crime". *Crime and Delinquency*, v. 24, n. 3322-35, 1978.

_____. *Being Adolescent*. Nova York: Basic Books, 1984.

_____. "Validity and Reliability of the Experience Sampling Method". *Journal of Nervous and Mental Disease*, v. 175, n. 9, pp. 526-36, 1987.

CSIKSZENTMIHALYI, M.; LEFEVRE, J. "Optimal Experience in Work and Leisure". *Journal of Personality and Social Psychology*, v. 56, n. 5, pp. 815-22, 1989.

CSIKSZENTMIHALYI, M.; RATHUNDE, K. "The Measurement of Flow in Everyday Life". In: *Nebraska Symposium on Motivation*. Lincoln, Nebraska: University of Nebraska Press, v. 40, pp. 58-97, 1993.

_____. "The Development of the Person: An Experiential Perspective on the Ontogenesis of Psychological Complexity". In: LERNER, R. M. (Org.). *Theoretical Models of Human Development*, v. 1, *Handbook of Child Development*. Nova York: Wiley.

CSIKSZENTMIHALYI, M.; RATHUNDE, K.; WHALEN, S. *Talented Teenagers: The Roots of Success and Failure*. Nova York: Cambridge University Press, 1993.

CSIKSZENTMIHALYI, M.; ROCHBERG-HALTON, E. *The Meaning of Things: Domestic Symbols and the Self*. Nova York: Cambridge University Press, 1981.

DAVIS, N. Z.; FARGE, A. (Orgs.). *A History of Women in the West*. Cambridge, Massachusetts: Harvard University Press, 1993.

DEVRIES, M. (Org.). *The Experience of Psychopathology*. Cambridge, Inglaterra: Cambridge University Press, 1992.

DIENER, E.; DIENER, C. "Most People are Happy". *Psychological Science*, v. 7, n. 3, pp. 181-4, 1996.

EDWARDS, J. N. (Org.). *The Family and Change*. Nova York: Alfred A. Knopf, 1969.

FAVE, A. D.; MASSIMINI, F. "The Changing Contexts of Flow in Work and Leisure". In: CSIKSZENTMIHALYI, M.; CSIKSZENTMIHALYI, I. S. (Orgs.). *Optimal Experience: Psychological Studies of Flow in Consciousness*. Nova York: Cambridge University Press, 1988. pp. 193-214.

FERENCZI, S. "Sunday Neuroses". In: FERENCZI, S. (Org.). *Further Contributions to the Theory and Techniques of Psychoanalysis*. Londres: Hogarth Press, 1950. pp. 174-7.

FIORE, G. *Antonio Gramsci: Life of a Revolutionary*. Nova York: Schocken Books, 1973.

FORTUNE, R. F. *Sorcerers of Dobu*. Nova York: Dutton, 1963 [1932].

GALLAGHER, W. *The Power of Place: How Our Surroundings Shape Our Thoughts, Emotions, and Actions*. Nova York: Poseidon Press, 1993.

GARDNER, H. *Frames of Mind: The Theory of Multiple Intelligences*. Nova York: Basic Books, 1983.

GRAEF, R.; GIANINNO, S. M.; CSIKSZENTMIHALYI, M. "Energy Consumption in Leisure and Perceived Happiness". In: CLAXTON, J. D. et al. (Orgs.). *Consumers and Energy Conservation*. Nova York: Praeger, 1981.

GROUP FOR THE ADVANCEMENT OF PSYCHIATRY. *The Psychiatrists' Interest in Leisure-Time Activities*, n. 39, 1958.

GUSSEN, J. "The Psychodynamics of Leisure". In: MARTIN, P. A. (Org.). *Leisure and Mental Health: A Psychiatric Viewpoint*. Washington, D. C.: American Psychiatric Association, 1967.

HART, L. M. "Ritual Art and the Production of Hindu Selves". *American Anthropological Association Meetings*. San Francisco, Califórnia: 1992.

HAWORTH, J. T.; DUCKER, J. "Psychological Well-Being and Access to Categories of Experience in Unemployed Young Adults". *Leisure Studies*, v. 10, pp. 265-74, 1991.

HECHT, A. *The Hidden Law: The Poetry of W. H. Auden*. Cambridge, Massachusetts: Harvard University Press, 1993.

HEDRICKS, C. "The Ecology of Pain in Latina and Caucasian Women with Metastatic Breast Cancer: A Pilot Study". In: CHRISLER, J. (Org.). *11th Biannual Meeting of the Society for Menstrual Cycle Research*.

HEINE, C. *Flow and Achievement in Mathematics*. Chicago: Universidade de Chicago, 1996. Tese (Doutorado).

HEKTNER, J. M. *Exploring Optimal Personality Development: A Longitudinal Study of Adolescents*. Chicago: Universidade de Chicago, 1996. Tese (Doutorado).

HERLIHY, D. *Medieval Households*. Cambridge, Massachusetts: Harvard University Press, 1985.

HUANG, M. P.-L. *Family Context and Social Development in Adolescence*. Chicago: Universidade de Chicago, 1996. Tese (Doutorado).

HUFTON, O. "Women, Work, and Family". In: DAVIS, N. Z.; FARGE, A. (Orgs.). *A History of Women in the West*. Cambridge, Massachusetts: Harvard University Press, 1993. pp. 15-45.

HUXLEY, J. *Evolution and Ethics*. Londres: Pilot Press, 1947.

HUXLEY, T. H. *Evolution and Ethics and Other Essays*. Nova York: Appleton, 1894.

INGHILLERI, P. "Selezione psicologica biculturale: Verso l'aumento delta complessita individuale e sociale. Il caso dei Navajo". In: MASSIMINI, F.; INGHILLERI, P. (Orgs.). *La selezione psicologica umana*. Milão: Cooperative Libraria Iulm, 1993.

_____. *Esperienza soggettiva, personalita, evoluzione culturale*. Turim, Itália: UTET, 1995.

INGLEHART, R. *Culture Shift in Advanced Industrial Society*. Princeton: Princeton University Press, 1990.

JACKSON, S. A. "Toward a Conceptual Understanding of the Flow Experience in Elite Athletes". *Research Quarterly for Exercise and Sport*.

JAMES, W. *Principles of Psychology*. Nova York: Henry Holt, 1890.

JOHNSTON, C. M. *The Creative Imperative: Human Growth and Planetary Evolution*. Berkeley, Califórnia: Celestial Arts, 1984.

JUNG, C. G. *The Development of Personality*. Nova York: Pantheon, 1954.

KAKAR, S. *The Inner World: A Psychoanalytic Study of Childhood and Society in India*. Nova Delhi: Oxford University Press, 1978.

KELLY, J. R. *Leisure*. Englewood Cliffs, Nova Jersey: Prentice-Hall, 1982.

KLEIN, G. (Org.). *Om kreativitet och flow*. Estocolmo, Suécia: Brombergs, 1990.

KUBEY, R.; CSIKSZENTMIHALYI, M. *Television and the Quality of Life*. Hillsdale, Nova Jersey: Lawrence Erlbaum, 1990.

LADURIE, E. L. R. *Montaillou*. Nova York: Vintage, 1979.

LARSON, R.; CSIKSZENTMIHALYI, M. "Experiential Correlates of Solitude in Adolescence". *Journal of Personality*, v. 46, n. 4, pp. 677-93, 1978.

LARSON, R.; MANNELL, R.; ZUZANEK, J. "Daily Well-Being of Older Adults with Family and Friends". *Psychology and Aging*, v. 12, pp. 117-26, 1986.

LARSON, R.; RICHARDS, M. H. *Divergent Realities: The Emotional Lives of Mothers, Fathers, and Adolescents*. Nova York: Basic Books, 1994.

LASH, C. *The True and Only Heaven: Progress and its Critics.* Nova York: Norton, 1990.
LEBRA, T. S. *Japanese Patterns of Behavior.* Honolulu: University of Hawaii Press, 1976.
LEE, R. B.; DEVORE, I. (Orgs.). *Man the Hunter.* Chicago: Aldine, 1968.
LERNER, R. M. *On the Nature of Human Plasticity.* Nova York: Cambridge University Press, 1984.
LEWINSOHN, P. M. "Behavioral Therapy: Clinical Applications". In: RUSH, A. J. (Org.). *Short-Term Therapies for Depression.* Nova York: Guilford, 1982.
LOUBRIS, S.; CROUS, F.; SCHEPERS, J. M. "Management by Objectives in Relation to Optimal Experience in the Workplace". *Journal of Industrial Psychology,* v. 21, n. 2, pp. 12-7, 1995.
LYKKEN, D.; TELLEGEN, A. "Happiness is a Stochastic Phenomenon". *Psychological Science,* v. 7, n. 3, pp. 186-9, 1996.
MACBETH, J. "Ocean Cruising". In: CSIKSZENTMIHALYI, M.; CSIKSZENTMIHALYI, I. S. (Orgs.). *Optimal Experience: Psychological Studies of Flow in Consciousness.* Nova York: Cambridge University Press, 1988. pp. 2, 4-31.
MARCUSE, H. *Eros and Civilisation.* Boston: Beacon, 1955.
MARKUS, H. R.; KITAYAMA, S. "Culture and Self: Implications for Cognition, Emotion, and Motivation". *Psychological Review,* v. 98, n. 2, pp. 224-53, 1991.
MARRIOTT, M. "Hindu Transactions: Diversity without Dualism". In: KEPFERER, B. (Org.). *Transaction and Meaning: Directions in the Anthropology of Exchange and Symbolic Behavior.* Filadélfia: ISHI Publications, 1976.
MASLOW, A. *The Farther Reaches of Human Nature.* Nova York: Viking, 1971.
MASSIMINI, F.; CARLI, M. "The Systematic Assessment of Flow in Daily Experience". In: CSIKSZENTMIHALYI, M.; CSIKSZENTMIHALYI, I. S. (Orgs.). *Optimal Experience: Psychological Studies of Flow in Consciousness.* Nova York: Cambridge University Press, 1988. pp. 266-87.
MASSIMINI, F.; FAVE, A. D. "Religion and Cultural Evolution". *Zygon,* v. 16, n. 1, pp. 27-48, 1991.
MASSIMINI, F.; INGHILLERI, P. (Orgs.). *L'esperienza quotidiana: Teoria e metodi d'analisi.* Milão: Franco Angeli, 1986.
MCQUILLAN, J.; CONDE G. "The Conditions of Flow in Reading: Two Studies of Optimal Experience". *Reading Psychology,* v. 17, pp. 109-35, 1996.
MITTERAUER, M.; SIEDER, R. *The European Family.* Chicago: University of Chicago Press, 1982.
MONETA, G. B.; CSIKSZENTMIHALYI, M. "The Effect of Perceived Challenges and Skills on the Quality of Subjective Experience". *Journal of Personality,* v. 64, n. 2, pp. 275-310, 1996.
MYERS, D. G. *The Pursuit of Happiness.* Nova York: Morrow, 1992.
MYERS, D. G.; DIENER, E. "Who is Happy?". *Psychological Science,* v. 6, pp. 10-9, 1995.
NEGRI, P., MASSIMINI, F.; FAVE, A. D. "Tema di vita e strategie adattive nei non vedenti". In: GALATI, D. (Org.). *Vedere con la mente.* Milão: Franco Angeli, 1992.
NIETZSCHE, F. *The Gay Science.* Nova York: Vintage, 1974 [1882].
NOELLE-NEUMANN, E. *AWA Spring Survey.* Allensbach Institute fur Demoskopie, 1995.
_____. "Stationen der Glücksforschung". In: BELLEBAUM, A.; MUTH, L. (Orgs.). *Leseglück: Eine vergessene Erfahrung?* Opladen: Westdeutscher Verlag, 1996. pp. 15-56.
NOELLE-NEUMANN, E.; KOCHER, R. (Orgs.). *Allensbacher Jahrbuch der Demoskopie 1984-1992.* Munique: K. G. Saur, 1993.
NOELLE-NEUMANN, E.; STRUMPEL, B. *Macht Arbeit Krank? Macht Arbeit gluchlich?* Munique: Pieper Verlag, 1984.

NORBERG, K. "Prostitutes". In: DAVIS, N. Z.; FARGE, A. (Orgs.). *A History of Women in the West.* Cambridge, Massachusetts: Harvard University Press, 1993. pp. 458-74.

PERRY, S. K. *When Time Stops: How Creative Writers Experience Entry into the Flow State.* Santa Barbara, Califórnia: The Fielding Institute, 1996. Tese (Doutorado).

PIRSIG, R. "Cruising Blues and Their Cure". *Esquire*, v. 87, n. 5, pp. 65-8, 1977.

RATHUNDE, K. "Family Context and Talented Adolescents' Optimal Experience in Productive Activities". *Journal of Research in Adolescence.*

REIGBER, D. *Glück im Garten: Erfolg im Markt.* Offenburg, Alemanha: Senator Verlag, 1995.

RIESMAN, D.; GLAZER, N.; DENNEY, R. *The Lonely Crowd.* Nova York: Doubleday, 1950.

ROGERS, C. *Freedom to Learn.* Columbus, Ohio: Charles Merrill, 1969.

SAHLINS, M. D. *Stone Age Economics.* Chicago: Aldine Press, 1972.

SCHMIDT, J. "Workers and Players: Exploring Involvement Levels and Experience of Adolescents in Work and Play. *Meetings of the American Educational Research Association.* Boston, Massachusetts, 1997.

SELYE, H. *The Stress of Life.* Nova York: McGraw-Hill, 1956.

SINGER, I. *The Nature of Love.* Chicago: University of Chicago Press, 1966. 3 v.

SINGER, J. L. *Daydreaming: An Introduction to the Experimental Study of Inner Experience.* Nova York: Random House, 1966.

_____. *Daydreaming and Fantasy.* Oxford, Inglaterra: Oxford University Press, 1981.

STEIN, G. L. et al. "Psychological Antecedents of Flow in Recreational Sports". *Personality and Social Psychology Bulletin*, v. 21, n. 2, pp. 125-35, 1995.

SZALAI, A. (Org.). *The Use of Time: Daily Activities of Urban and Suburban Populations in Twelve Countries.* Paris: Mouton, 1965.

TEILHARD DE CHARDIN, P. *The Phenomenon of Man.* Nova York: Harper and Row, 1965.

TERKEL, S. *Working.* Nova York: Pantheon, 1974.

THOMPSON, E. P. *The Making of the English Working Class.* Nova York: Viking, 1963.

TREVINO L. K.; TREVINO, J. W. "Flow in Computer-Mediated Communication". *Communication Research*, v. 19, n. 5539-73, 1992.

VEYNE, P. "The Roman Empire". In: _____. (Org.). *From Pagan Rome to Byzantium.* Cambridge, Massachusetts: The Belknap Press, 1987. pp. 5-230.

WEBSTER, J.; MARTOCCHIO, J. J. "Turning Work into Play: Implications for Microcomputer Software Training". *Journal of Management*, v. 19, n. 1, pp. 12, 7-46, 1993.

WELLS, A. "Self-Esteem and Optimal Experience". In: CSIKSZENTMIHALYI, M.; CSIKSZENTMIHALYI, I. S. (Orgs.). *Optimal Experience: Psychological Studies of Flow in Consciousness.* Nova York: Cambridge University Press, 1988. pp. 327-41.

WILLIAMS, G. C. "Huxley's 'Evolution and Ethics' in Sociobiological Perspective". *Zygon*, v. 23, n. 4, pp. 383-407, 1988.

YANKELOVICH, D. "New Rules in American Life: Searching for Self-Fulfillment in a World Turned Upside-Down". *Psychology Today*, v. 15, n. 4, pp. 35-91, 1981.

Índice remissivo

adolescentes: ações destrutivas dos, 129; amigos e, 46, 80-1; atividades de lazer, 66-7; autotélicos, 111-5; concentração e, 87; falta de motivação nos, 57; frequência do flow entre os, 95; locais preferidos dos, 46; postura em relação ao trabalho, 54-6
agitação, flow e, 35-6
álcool: apatia e, 37; enquanto mau uso do tempo de lazer, 65, 70
Allison, Maria, 105
ambiente *ver* lugares
amigos, 80-2; adolescentes e, 46, 80-1; concentração e, 80, 82; como destrutivos, 81; na família, 82; flow e, 80-1; metas e, 127; mobilidade e manutenção dos, 82; qualidade da experiência dos, 46; *ver também* relacionamentos
amish, fusão de trabalho e lazer feita pelos, 73
amor ao destino, 128-9
ansiedade, flow e, 35, 37
apatia, flow e, 35, 37
Arábia Saudita, lazer passivo e, 70
Arendt, Hannah, 140n, 143n
Ariès, Philippe, 143n
Aristóteles, 19, 24, 52-3
Arquimedes, 98
arte popular, 74
Ásia, posição do indivíduo no contexto social, 20, 78-9, 140n, 143n

Asner, Ed, 62
atenção *ver* energia psíquica
atitudes, responsabilidade pelas próprias, 127-30
atividades cotidianas *ver* experiências
atividades de flow, 34, 37, 141n
atividades de lazer, 16, 18-9; ativo *versus* passivo, 64-76; dificuldade em desfrutar das, 65-6, 73; energia psíquica e, 17; entropia psíquica e, 65-6; especialistas e, 74; flow e, 42-3, 66-9, 70-3, 76; pessoas comuns e, 74; qualidade da experiência das, 13, 41-3; qualidade da sociedade e, 74-5; sociedades que dependem das, 66, 69-71, 75; tempo dedicado às, 18; trabalho combinado com, 73-5; trabalho e, 75; trabalho separado das, 63; uso de energia não renovável e, 74; vidas centradas em torno das, 70-3; *ver também* lazer ativo; lazer passivo
atividades de manutenção, 16-7, 19; qualidade da experiência das, 41-2; tempo dedicado às, 17; *ver também* comer; cuidados pessoais; dirigir; trabalho doméstico
atividades produtivas, 16-7, 19, 139n; qualidade da experiência das, 13, 40-1; tempo dedicado a, 17; *ver também* comer; conversas; trabalho
Auden, W. H., 9
autoconhecimento, 126-8
autoestima: metas e, 28-9; mulheres que trabalham e, 57-9; trabalho doméstico e, 59, 140n

babuínos: atividades dos, 13; contexto social e, 13, 79
bem e mal, matéria e energia e, 135-6, 145n
Bethe, Hans, 48
Bloom, Benjamin, 140n
Bohr, Niels, 48
Boulding, Elise, 58
Bradburn, Norman, 140n
budismo: sobre a eliminação de metas para o alcance da felicidade, 29-30; sobre a redução da entropia psíquica, 123
Buss, David, 140n

caçadores-coletores, atividades produtivas dos, 139n
Calvino, João, 53
Campbell, Donald, 62
Cândido (Voltaire), 27
carro *ver* dirigir
casa, perfil emocional dos cômodos da, 47-8
casamento, 82-3; flow no, 105; *ver também* família
causa e efeito, 30
cegos, energia psíquica disciplinada pelos, 120, 144n
Chandrasekhar, Subramanyan, 48
ciência: metas e, 131-6; passado integrado à, 11; verdades da, 11
Colby, Ann, 96
comer: qualidade da experiência ao, 13, 39, 41-2; tempo gasto em, 16-7
cômodos da casa, perfil emocional dos, 47-8
companhia *ver* relacionamentos
comprometimento, incapacidade de, 123
comunidade(s): estranheza dos estrangeiros reduzida pelas, 88-9; individualismo e materialismo versus fidelidade à(s), 123, 144n
concentração: como algo necessário ao pensamento, 31-2; com amigos, 80, 82; atividades cotidianas e, 41-2; flow e, 36; solidão e, 86-7
conquistas, autoestima e, 29
consciência *ver* emoções; metas; pensamento
consumo de mídias *ver* leitura; televisão
contexto social, 19-20, 140n; em diferentes sociedades, 19, 78-80, 140n, 143n; *ver também* relacionamentos
controle, flow e, 35-6

conversas: flow e, 67-8, 107-8; manutenção da realidade e, 86; qualidade da experiência das, 41-2; tempo gasto em, 16, 19
crescimento: flow e, 36-7; responsabilidade pelas próprias ações e, 127-30
criação de filhos, flow na, 105-6; *ver também* mães
crianças vítimas de abuso, flow e, 93-4
cuidados pessoais: qualidade da experiência dos, 41-3; tempo dedicado aos, 16
cultura global, estranheza do estrangeiro reduzida pela, 88
cultura, contexto social e, 19, 78-80, 140n

Damon, William, 96
Dante, 12
Darwin, Charles, 132, 140n
Davies, Robertson, 105
Davis, Natalie Zemon, 13, 116, 139n
depressão: conversas e, 46; solidão e, 45-6, 85
desafios: habilidades associadas à redução do estresse, 101; a par das habilidades para o flow, 34-5, 141n
descanso: qualidade da experiência do, 13, 41-2; tempo dedicado ao, 16
desejo, responsabilidade pelas próprias ações e, 127-30
desemprego, impactos negativos do, 59, 142n; *ver também* trabalho
destino, amor ao, 128-9
DeVries, Marten, 43, 141
dias da semana, qualidade da experiência e, 49, 142n
Dickinson, Emily, 74
diferenças de gênero: atividades de manutenção, 17-8; experiências moldadas pelas, 13; na autoestima e no trabalho, 58-9, 142n; no humor das famílias, 46-7, 84-5
dinheiro: felicidade e, 25, 144n; tempo como sinônimo de, 15
dirigir: Método de Amostragem da Experiência no estudo de, 141n; qualidade da experiência ao, 41-3, 47, 141; tempo gasto em, 16
distúrbios alimentares, solidão e, 45
Divergent Realities (Larson e Richards), 141
dobuanos (Melanésia), 85
Dobzhansky, Theodosius, 132
dor, flow e, 49, 142n

drogas: apatia e, 37; enquanto mau uso do tempo de lazer, 65
Duncan, Margaret Carlisle, 105
Dyson, Freeman, 63, 90

educação *ver* trabalho
ego *ver* self
Eichmann, Adolph, 129
Eigen, Manfred, 48
emoções, 23-7, 30; básicas, 23, 140n; concentração e, 31; desenvolvimento pelos humanos, 24; dualidade das, 24; energia psíquica e, 30; hereditariedade e, 24, 140n; metas e, 31; negativas, 27; objetividade das, 23-4; pensamentos e, 31; qualidade de vida determinada pelas, 12; subjetividade das, 23; *ver também* felicidade
energia espiritual, 11
energia não renovável, atividades de lazer e, 74, 143n
energia psíquica: para a concentração, 32; criação de filhos e, 105; emoções e, 30; experiências moldadas pela, 13; família e, 85, 103-6; flow e, 36; futuro e, 136; metas e, 28, 30, 127; pensamento e, 30; personalidade autotélica e, 115-21, 144n; relacionamentos e, 79, 127; trabalho e, 97-9
Entre quatro paredes (Sartre), 79
entropia psíquica: atividades de lazer e, 65-6; emoções negativas e, 27; falta de motivação e, 28; personalidade autotélica e, 122; preocupação e humildade como redutoras da, 123; solidão e, 85; trabalho como redutor da, 97
espaço público, enquanto contexto social, 20, 140n
esportes: flow e, 67-8; por adolescentes, 111-2; tempo dedicado aos, 19
estrangeiros, 87-9; comunidades e, 88; fascínio pelos, 88; medo dos, 87-8; pluralismo e, 88
estresse: redução por meio da definição de prioridades, 100; redução por meio do equilíbrio entre habilidades e desafios, 101; no trabalho, 96, 100, 106
estudo, por adolescentes, 111-2; *ver também* trabalho
evolução, 132-6, 145n
exercícios: qualidade da experiência dos, 42; tempo dedicado a, 16
exigência interior, Maslow sobre a, 128
exotelismo, 110

expectativas, autoestima e, 28-9
experiência ótima *ver* flow
experiências: diferenças nas, 13-5, 139n; ideais *ver* flow; individualidade e, 14-5; influência dos relacionamentos nas, 12, 19-20; metas e, 28; qualidade de vida determinada pelo conteúdo das, 15; semelhanças nas, 13; *ver também* atividades de lazer; atividades de manutenção; atividades produtivas; qualidade da experiência
extroversão: como um traço hereditário, 95; felicidade e, 27, 89; introversão *versus*, 89-91, 143n

falar *ver* conversas
família, 82-5; amizades em, 82; complexa, 85, 143n; como contexto social, 20; energia psíquica e, 85, 104-6; flow em, 103-6; formas de, 82-4, 143n; humores em, 46-7, 84-5; Método de Amostragem da Experiência no estudo da, 84; personalidade autotélica e, 115, 144n; qualidade da experiência e, 46, 84-5, 141n; requisitos para o sucesso, 85, 104-6; trabalho e, 63; *ver também* casamento; relacionamentos
Farge, Arlette, 13, 139n
Fave, Antonella Delle, 72-3
feedback imediato, atividade de flow proporcionando, 34
felicidade, 24-7, 140n; amigos e, 46, 141n; atividades cotidianas e, 41-2; autorrelatada, 25-6, 114, 140n; bem-estar material *versus*, 25; extrovertidos e, 27, 89; flow e, 36; em ganhadores de loteria, 144n; influência de outros sentimentos na, 26-7; como objetivo maior, 24-6; personalidade autotélica e, 114; qualidades pessoais relacionadas à, 26; relações sexuais e, 39, 42; religiões orientais sobre a eliminação de metas para alcançar a, 29-30; self e, 125
fenômeno humano, O (Teilhard de Chardin), 132
Ferenczi, Sándor, 65
filmes: qualidade da experiência dos, 42; tempo dedicado aos, 19, 42
filosofia fenomenológica, 12
Fleming, Alexander, 98
flow, 32-8; adolescentes e, 95; amigos e, 80-1; atividades de flow, 34, 37, 141n; atividades de lazer e, 42-3, 66-73, 76; concentração e, 36; conversas e, 107-8; crescimento e, 36-7; criação de filhos e, 105-6; crianças vítimas de

abuso e, 93-4; definição de, 33-4; dor e, 49, 142n; energia psíquica e, 36; equilíbrio entre desafios e habilidades e, 34-5, 141n; em família, 103-6; feedback imediato do, 34; felicidade e, 36; fins construtivos ou destrutivos do, 129-30; frequência de, 37-8, 141n; ilustrações de, 92-5; indivíduos criativos, 44; inferno como cisão do, 136; lazer passivo e, 42-3; metas e, 34, 127-8; mudança de padrões de vida e, 92-108; prevalência do, 93; psicopatologia e, 45, 141n; relacionamentos e, 45, 80-1, 102-8; terceira idade e, 92; trabalho e, 40-1
foco *ver* concentração
Ford, Henry, 101
Fortune, Reo, 85
Foucault, Michel, 25
Franklin, Benjamin, 15, 74
Franklin, John Hope, 61
Freud, Sigmund, 11, 126
futuro, energia psíquica investida no, 136

ganhadores da loteria, felicidade entre, 144n
Gardner, Howard, 32, 140n
genética *ver* hereditariedade
geometrias fractais, 132
Gramsci, Antonio, 93
Grécia Antiga: Aristóteles e, 19, 24, 52-3; lazer passivo e, 18, 69; Sócrates e, 123; trabalho e, 52

habilidades: a par dos desafios para a redução do estresse, 101; a par dos desafios para o flow, 34-5, 141n
Hart, Lynn, 78
Hayworth, John, 59
Hedricks, Cynthia, 142n
Heisenberg, Werner, 48
Henderson, Hazel, 118, 133
hereditariedade: emoções e, 24, 140n; extroversão e, 95
Heródoto, 69
hinduísmo: sobre a eliminação de metas para alcançar a felicidade, 29-30; sobre a posição do indivíduo no contexto social, 20, 78, 140n, 143n
História (Heródoto), 69
hobbies: adolescentes e, 111-2; flow e, 67-8; qualidade da experiência de, 42; tempo dedicado a, 19, 42

Holton, Nina, 91
homens, atividades produtivas e, 17; *ver também* diferenças de gênero
hora do dia, qualidade da experiência e, 49
humores: em família , 46-7, 84-5; solidão e, 86
Huxley, Julian, 132

idade, experiências moldadas pela, 13-4
Império Bizantino, lazer passivo usado pelo, 69
Império Romano *ver* Roma Antiga
Índia, posição do indivíduo no contexto social, 20, 78, 140n, 143n
individualidade: experiências moldadas pela, 14; valores comunitários e espirituais *versus*, 123, 144n
indivíduos criativos: ambiente e, 48; enquanto autotélicos, 116-8; extroversão *versus* introversão em, 90-1; flow e, 44; trabalho moldado pelos, 101-2
indústria do entretenimento, efeitos nocivos da, 75-6; *ver também* televisão
inferno, enquanto cisão do flow, 136
Ingelhart, Ronald, 59
intenções, 27-8; *ver também* metas
interação *ver* relacionamentos
interesse desinteressado, na personalidade autotélica, 117-9
introversão, extroversão e, 89-91, 143n
inuítes: lazer passivo e, 70; trabalho e, 54

James, William, 28
Japão, posição do indivíduo no contexto social, 79
jogos de azar, enquanto mau uso do tempo de lazer, 65, 68
Jung, Carl, 89, 143n

Kakar, Sadhir, 78
Klein, George, 101

L'Engle, Madeleine, 133
Ladurie, Emmanuel Le Roy, 13, 82, 139n
Larson, Reed, 58, 84, 141n
lazer ativo: adolescentes e, 111-2; amadores e, 74; dificuldade em aproveitar, 73; experts e, 74; flow e, 42; lazer passivo *versus*, 66-9; qualidade da experiência no, 114; *ver também* esportes; exercícios; filmes; hobbies; música, prática de; restaurantes;

lazer passivo: como problema, 64, 66-71, 75-6; entre adolescentes, 111-3; flow e, 42-3; lazer ativo *versus*, 66-9; sociedades que dependem do, 65, 69-70, 75; *ver também* descanso; leitura; televisão
leitura: enquanto mau uso do tempo de lazer, 65; flow e, 67-8; qualidade da experiência da, 41-2; tempo dedicado à, 16, 19
Liszt, Franz, 48
lugares, qualidade da experiência e, 46-9, 142n

Macbeth, Jim, 71
Madonna (cantora), 28
MAE *ver* Método de Amostragem da Experiência
mães: autoestima das que trabalham em tempo integral, 29, 140n; flow entre as, 105; *ver também* criação de filhos; mulheres
maias, lazer passivo usado pelos, 69
mal e bem, matéria e energia e, 135-6, 145n
Marriott, McKim, 140n
Marx, Karl, 25, 53, 70
Maslow, Abraham, 128-9
Massimini, Fausto, 44, 72-3, 120, 141n, 144n
matéria e energia, bem e mal e, 135-6, 145n
materialismo: felicidade *versus*, 25; valores comunitários e espirituais *versus*, 123, 144n
Melanésia, trabalho e, 54
Mendel, Gregor, 74
menonitas, atividades de trabalho e de lazer combinadas pelos, 73
metas, 27-30; autoestima e, 28-9; ciência e, 131-6; construtivas *versus* destrutivas, 129-30; descoberta de novas bases para a transcendência, 130-6; emoções e, 31; energia psíquica e, 28, 30, 127; flow e, 34, 127-8; hierarquia das, 28; motivação e, 28, 30; negentropia psíquica e, 27; pensamentos e, 31; profetas e, 131; religiões orientais e a eliminação das metas para alcançar a felicidade, 29-30
Método de Amostragem da Experiência (MAE), 21-2; estudo da direção pelo, 141n; estudo da família pelo, 84; estudo da personalidade autotélica pelo, 110-5; estudo da postura no trabalho pelo, 51, 54-9, 142n; estudo da qualidade da experiência pelo, 43-4; estudo dos relacionamentos pelo, 77-8
Milner, Brenda, 116

monoteísmo, relatividade e, 131
motivação: atividades cotidianas e, 41, 43; ausência entre adolescentes, 57; concentração e, 31; entropia psíquica e falta de, 28; extrínseca, 28; intrínseca, 28; metas e, 28, 30; trabalho e, 57
Mozart, Wolfgang Amadeus, 32
mulheres: atividades de manutenção e, 17; autoestima e trabalho e, 57-9, 140n, 142n; trabalho doméstico feito por, 18, 58; *ver também* diferenças de gênero
música, prática de: flow e, 67; qualidade da experiência da, 42; tempo dedicado à, 19, 42

navajos, lazer passivo e, 70
negentropia psíquica, 140n; emoções positivas e, 27; metas e, 28
neotenia social, 115, 144n
neurose dominical, 65
Nietzsche, Friedrich, 128-9
Noelle-Neumann, Elizabeth, 86
norte-americanos de origem asiática, autoestima e conquistas entre os estudantes, 29

Offner, Frank, 117
operações cognitivas *ver* pensamento
operações mentais *ver* pensamento
Oppenheimer, Robert, 129, 145n

Pascal, Blaise, 11
passado: ciência integrada ao, 11; reinterpretação das verdades do, 10
Pauling, Linus, 62, 93-4, 103, 117-8
pensamento, 30-2; causa e efeito e, 30; concentração e, 31-2; emoções e, 31; energia psíquica e, 30-1; flow e, 67-8; inteligência e, 32; metas e, 31; qualidade de vida e, 12
percepção extrassensorial, 11
personalidade autotélica, 109-21; em adolescentes, 111-5; definição de, 109-11; desenvolvimento da, 119-21; determinação da, 111-5; energia psíquica e, 115-21, 144n; entropia psíquica reduzida pela, 122; família e, 115, 144n; felicidade e, 114; em indivíduos criativos, 116-8; interesse desinteressado na, 117-9; Método de Amostragem da Experiência no estudo da, 110-5; em pessoas seriamente incapacitadas, 120; qualidade da experiência e, 112-4; tempo

necessário para desenvolvimento da, 119; em vítimas de terrorismo, 121
pessoa em pleno funcionamento, Rogers sobre, 128
pessoas com deficiência, energia psíquica disciplinada pelas, 120, 144n
pessoas *ver* relacionamentos
pluralismo, estranheza dos estrangeiros reduzida pelo, 88
Pont Trentaz (Itália), distribuição das atividades de flow em, 72-3
posição social, experiências moldadas pela, 13-4
pós-modernismo, crítica da autopercepção da felicidade pelo, 25-6
povos nativos, lazer passivo e, 70
preocupações, flow e, 35, 37
primatas: atividades dos, 12; contexto social e, 79
prioridades, redução do estresse por meio do estabelecimento de, 100-1
processos biológicos/químicos, determinação da vida pelos, 12
profetas, metas e, 131
psicologia humanista, responsabilidade pelas próprias ações e, 127-30
psicopatologia, flow e, 45, 141n
psicoterapia, autoconhecimento e, 126

qualidade da experiência, 39-50; atividades de lazer e, 41-2; atividades de manutenção e, 41-2; atividades produtivas e, 40-1; concentração e, 41, 43; criatividade e, 44; dias da semana e, 49, 142n; dirigir e, 47, 141n; família e, 84-5; felicidade e, 41, 43; flow e, 44; hora do dia e, 49; lazer ativo e, 114; lugares e, 46-9, 142n; Método de Amostragem da Experiência no estudo da, 43-4; motivação e, 41-2; personalidade autotélica e, 112-4; qualidade de vida e, 43-4; relação sistemática com outras atividades e, 39; relacionamentos e, 45-6, 141n; solidão e, 45
qualidade de vida: alocação de tempo e, 16-9; conteúdo de experiências determinantes para a, 15; pensamento e emoções determinantes para a, 12; qualidade da experiência, 43-4; relacionamentos e, 20

Rabinow, Jacob, 62, 102, 117
Rathunde, Kevin, 143n
Reed, John, 63, 90, 100

relacionamentos, 77-8; bem-estar e, 77-8; em diferentes sociedades, 19, 78-80, 140n, 143n; energia psíquica e, 79, 127; estranhos e, 87-9; experiências influenciadas pelos, 12, 19-20; extroversão *versus* introversão e, 89-91, 143n; flow e, 80, 102-8; incapacidade de assumir compromissos e, 123; Método de Amostragem da Experiência no estudo dos, 77-8; qualidade da experiência e, 45-6, 141n; requerimentos para, 79; sexuais, 42; tempo dedicado aos, 20-1; no trabalho, 106-7; trabalho *versus*, 102-3; *ver também* amigos; casamento; família; solidão
relacionamentos sexuais: qualidade da experiência dos, 42
relatividade, monoteísmo e, 131
relaxamento, flow e, 35, 141n
religiões orientais, sobre a eliminação de metas para alcançar a felicidade, 29-30; *ver também* budismo; hinduísmo
responsabilidade: ciência e, 135; pela a humanidade, 123
responsabilidade ativa, 123
restaurantes: qualidade da experiência dos, 42; tempo dedicado aos, 19, 42
Richards, Maryse, 84, 141n
Riesman, David, 89
Rockwell, Norman, 89
Roentgen, Wilhelm C., 98, 101
Rogers, Carl, 128-9
Roma Antiga: lazer passivo e, 69; trabalho e, 52
romance, qualidade da experiência do, 42
Rousseau, Jean-Jacques, 11, 78
Ryu, Shintaro, 79

Sahlins, Marshall, 139n
Salk, Jonas, 132
samskaras, Índia e, 78
Sartre, Jean-Paul, 79
Schmidt, Jennifer, 142n
self: autoconhecimento e, 126-8; desenvolvimento do, 124-5; felicidade e, 125-6; potência e, 124; vida boa e, 125-6; *ver também* autoestima; personalidade autotélica
Selye, Hans, 144n
sentimentos *ver* emoções
Singer, Jerome, 140n
sistema nervoso, experiências moldadas pelo, 13

socialização *ver* conversas
sociedades pré-letradas: solidão e, 85; trabalho e, 54
sociedades, contexto social e, 19, 78-80, 140n, 143n
Sócrates, 123
solidão, 85-9; atitudes históricas em relação a, 79; concentração e, 86-7; como contexto social, 20; conversas e, 86, 143n; efeitos nocivos da, 45, 86, 141n; entropia psíquica e, 85; humores e, 86; preferência pela, 86; em sociedades pré-letradas, 85; tolerar e desfrutar, 46, 86-7; *ver também* relacionamentos
sonhar acordado, 31; no trabalho, 16-7
Spock, Benjamin, 122-3, 133
Stern, Richard, 44, 125
Strand, Mark, 62
Structure of Psychological Well-Being, The (Bradburn), 140n
suicídio, solidão e, 85

talento: desenvolvimento do, 32, 140n; solidão e, 87, 143n
tédio, flow e, 35, 37, 141n
Teilhard de Chardin, Pierre, 132
televisão: adolescentes que veem, 111-2; enquanto mau uso do tempo de lazer, 65, 68, 142n; flow e, 67-8; qualidade da experiência da, 41-3; tempo dedicado à, 16, 19, 43
tempo: alocação de, 15-9, 139n; dinheiro como sinônimo de, 15-6; personalidade autotélica e, 119
tempo livre *ver* atividades de lazer
terceira idade, flow na, 92
Teresa de Calcutá, madre, 28
Terkel, Studs, 144
Thompson, E. P., 15, 139n
trabalho, 51-63; atitude ambivalente em relação ao, 51-63, 142n; atividades de lazer combinadas com o, 73-5; atividades de lazer separadas do, 63, 71-3; condições objetivas do, 60; descrédito histórico do, 60-1; diferenças de gênero na experiência do, 57-9, 142n; doméstico *ver* trabalho doméstico; efeito negativo do desemprego e, 59, 142n; encontrar novidades no, 97-100; energia psíquica e, 97-9; entropia psíquica reduzida no, 97; estresse no, 96, 100, 106; família e, 63; flow e, 40-1; história do, 52-3, 60-1, 142n; jovens e, 53-7, 142n; metas e, 127; Método de Amostragem da Experiência no estudo do, 51, 54-9, 142n; moldado às necessidades particulares, 101-2; motivação e, 57; qualidade da experiência do, 10-1, 40-2; relacionamentos no, 106-7; relacionamentos *versus*, 102-3; ressentimento em relação ao, 96-100; sonhar acordado no, 16-7; tempo dedicado ao, 16-7; *workaholics* e, 63, 72
trabalho doméstico: autoestima e, 59, 140n; qualidade da experiência do, 41-3; tempo dedicado ao, 16-7
transportes *ver* dirigir

uso de energia, atividades de lazer e, 74, 143n

Valdez, Susie, 97
valores espirituais, individualismo e materialismo *versus* lealdade aos, 123, 144n
verdades, 10
veteranos, ações destrutivas de, 129
vida boa, ilustração de uma, 10-1
vida diária *ver* experiências
vítimas de terrorismo, energia psíquica disciplinada pelas, 121
viver: definição de, 9, 11; fatores incontroláveis determinantes, 12; passado integrado com a ciência para, 11; *ver também* experiências
Voltaire, 27

Waddington, C. H., 132
Wells, Anne, 58, 140n, 142n
Wheeler, John Archibald, 90, 133
Wong, Maria, 142n
Woodward, C. Vann, 109
workaholics, 63, 72

Yalow, Rosalyn, 98, 101

1ª EDIÇÃO [2022] 1 reimpressão

ESTA OBRA FOI COMPOSTA PELA ABREU'S SYSTEM EM INES LIGHT
E IMPRESSA EM OFSETE PELA BARTIRA SOBRE PAPEL PÓLEN DA
SUZANO S.A. PARA A EDITORA SCHWARCZ EM NOVEMBRO DE 2024

A marca FSC® é a garantia de que a madeira utilizada na fabricação do papel deste livro provém de florestas que foram gerenciadas de maneira ambientalmente correta, socialmente justa e economicamente viável, além de outras fontes de origem controlada.